RENZHI SHIJIE DE JINGJIXUE

运气,有时是"了解"的谦辞

光知道自己"剁手"了
你知道商家为了让你"剁手"付出了多少努力吗?

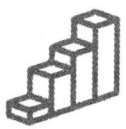

从"富"走向"负",是"财政赤字";从"负"走向"富",是懂经济学的你啊!

认知世界的经济学

钱明义 著

北京日报出版社

图书在版编目（CIP）数据

认知世界的经济学 / 钱明义著. -- 北京：北京日报出版社，2021.8

ISBN 978-7-5477-3973-0

Ⅰ.①认… Ⅱ.①钱… Ⅲ.①经济学—通俗读物 Ⅳ.①F0

中国版本图书馆 CIP 数据核字（2021）第 082569 号

认知世界的经济学

出版发行：	北京日报出版社
地　　址：	北京市东城区东单三条8-16号东方广场东配楼四层
邮　　编：	100005
电　　话：	发行部：（010）65255876
	总编室：（010）65252135
印　　刷：	三河市祥达印刷包装有限公司
经　　销：	各地新华书店
版　　次：	2021年8月第1版
	2021年8月第1次印刷
开　　本：	710毫米×1000毫米　1/16
印　　张：	17
字　　数：	203千字
定　　价：	48.00元

版权所有，侵权必究，未经许可，不得转载

PREFACE 前言

经济学到底是什么玩意儿？曾经有个笑话说智商在 60 以下的人都可以成为经济学家。众所周知，一般人的智商都在 90 到 100 之间，智商在 70 以下的人都属于智力低下。那么也就是说，智力低下的人也可以成为经济学家。虽说这话中稍有些夸张的成分，但正如某个经济学家所说，经济学无非是一门研究人们日常生活事务中活动与思考的学问，一般人经过努力都可以成为经济学家。

经济学真的有这么容易懂吗？为什么当接触到 GDP（国内生产总值）、CPI（居民消费价格指数）、PPI（生产价格指数）、恩格尔系数、基尼系数等这样一些词时，我们还是一头雾水呢？为什么我们还是不知道怎样才算是通货膨胀？不知道人民币是升值好还是不升值好？不知道什么叫积极和紧缩的财政政策？确实，即便是已大学毕业，面对这样一些经济学的词汇，我们可能还是不知道这到底是些什么玩意儿。

其实道理很简单，因为我们平时在接触这样一些词汇时，往往呈现在我们面前的可能只是一个概念的诠释，一堆干巴巴的文字堆砌在一起，读起来似懂非懂的。但如果我们采取另外一种方式，或许理解起来就不一样了。想必大家都知道10比9大，但是在经济学中，10却不如9大，这究竟是为什么呢？

在现实生活中，有这样一种现象：女人都喜欢自己一直是29岁的年龄，都不想成为30岁的人。而男人也有类似的想法，认为49岁属于壮年，还是一朵盛开的花；而50岁，这朵花可能就已经枯萎了。这虽然是一种心理上对年龄的抗拒，但是在人们的内心深处，就经常会感觉9比10要珍贵。所以我们在商场或者超市看到商品的定价时，即便是9.99元的商品，商场也不会把价格定为10元。

在经济学上，之所以会出现"10不如9大"的理论，其实是因为9比10更稀有，而越稀有的商品，其价值就会越高。也就是说，如果钻石跟水一样多了，人们结婚的时候可能就不再稀罕什么钻戒了。

通过上面这个故事我们了解到了商品的价值与供应的关系，明白了商品的稀缺性，也知道了商场及超市里商品的价格会热衷于以9结尾的原因。通过这样一些有趣的故事，我们对于这些经济现象也有了较为浅显的理解。如果能够将之前一头雾水的词汇也都通过故事来讲述的话，我们可能就能成为一个经济学家；即便成不了，至少也能了解一些市场规律，成为一个理性的消费者。

本书就是根据这样一个初衷，为读者呈现有趣的故事，让读者在故事中了解身边的一些经济学现象。比如，为什么女人的衣服扣子在左边，而男人的却在右边？为什么牛奶装在方盒里，而可乐却装在圆瓶子里？为什么有些人看似斤斤计较，实则是处处吃亏？此外，读者还能从故事中了解一些经济学原理，例如，明白如何从房子、股票、黄金中选择我们应该投资的项目；可以明白在大蒜、绿豆、萝卜、青菜等蔬菜中，你该生产什么、消费什么。从一个经济学的"门外汉"变成经济学"专家"，做一个聪明、理性的社会人。

认知世界的经济学

目录 CONTENTS

第一章
世界上没有不懂经济的富人,也没有懂经济的穷人

"吃狗屎"创造的社会财富 ——GDP /002

三个城市人的生活质量 ——CPI /006

穷人跟富人的差距在哪里 ——基尼系数 /010

一套房子到底值多少钱 ——购买力 /013

装钱的筐子被偷了 ——通货膨胀 /015

明朝灭亡的罪魁祸首 ——银根紧缩 /018

越来越穷的埃塞俄比亚 ——两极分化 /021

山西人比广州人还富有? ——恩格尔系数 /024

第二章
像经济学家一样思考，赋予你看透世界的魔力

吝啬鬼最大方的时候 —— 商品 /028

"君子国"里也有讨价还价 —— 经济人 /031

劣币为什么会驱逐良币 —— 柠檬市场 /035

把梳子卖给和尚 —— 供需法则 /039

杨振宁选择理论物理的秘密 —— 比较优势 /042

她为什么要"东食西宿" —— 机会成本 /045

小偷也懂经济学 —— 成本效益 /048

第三章
牛奶可乐经济学 —— 妙趣横生的经济学现象

女人的衣服扣子在左边，而男人的在右边 —— 习惯经济 /052

牛奶装在方盒子里，可乐却装在圆瓶子里 —— 固定成本 /055

为什么有些餐厅为饮料提供免费续杯服务 —— 边际成本 /059

宁愿买贵的，也不会买对的 —— 吉芬商品 /062

甘地为什么要扔掉另一只鞋 —— 沉没成本 /065

财主为什么成为秃头 —— 市场失灵 /068

美丽应不应该收税 —— 美女经济 /071

女性生理期会影响购物欲望 —— 冲动型消费 /074

第四章
博弈论的诡计 —— 日常博弈一定要知道的经济学

为什么两个囚犯都愿意坐牢 —— 囚徒困境 /078

小猪凭什么占便宜 —— 智猪博弈 /081

乞丐为什么要1美元而不要10美元 —— 重复博弈 /084

三个枪手的对决，谁是最后的赢家 —— 枪手博弈 /088

争吵为什么不能增加自己的收益 —— 谈判博弈 /091

算命先生为什么能够"未卜先知" —— 策略欺骗 /095

私闯园林者为什么不再私闯 —— 威胁与可信度 /099

乌龟为什么要和兔子合作 —— 正和博弈 /102

第五章
在超市遇上亚当·斯密 —— 消费经济学

拿破仑为什么不用银器而用铝碗 —— 炫耀性消费 /106

约翰逊黑人化妆品为什么畅销 —— 捆绑销售 /109

红顶商人胡雪岩为什么能致富 —— 顾客满意度 /112

抢不到的白马王子 —— 商品稀缺 /115

你为什么愿意在楼下买烟 —— 交易费用 /118

别人的选择为什么会成为自己的选择 —— 消费从众 /121

渔翁为什么要小不要大 —— 消费欲望与需求 /124

第六章
有形的手能否掌控无形的手——财税经济学

从"富"走向"负"的加州 —— 财政赤字 /128

抽烟的人为什么不减反增 —— 税率 /131

财富分割的利器 —— 所得税 /134

威尼斯商人凭什么最终获救 —— 利息与利率 /137

里根为什么只拍四部电影 —— 拉弗曲线 /141

格林斯潘为什么会有如此威力 —— 货币政策 /144

如此"懒惰"的瑞士人 —— 社会保障 /147

第七章
知己知彼，百战百胜——信息经济学

王羲之为什么会成为"东床快婿" —— 信息对称 /152

我早就了解你了 —— 信息不对称 /155

夜叉鬼的烟幕弹 —— 信息的不完全性 /158

老太太买菜 —— 信息搜寻成本 /161

所罗门王的智慧 —— 信息甄别机制 /165

《皇帝的新装》新解 —— 公共信息 /168

第八章
积累财富靠的不是工资而是投资 —— 投资经济学

只贷款1美元的秘密 —— 理财 /172

炒股不赚不赔的丘吉尔 —— 股票 /175

凯恩斯的最大笨蛋理论 —— 期货的利与弊 /178

王重阳扩招的后果 —— 多元化投资 /182

假如希特勒做你的爸爸 —— 劣质资产 /185

帅哥的责任 —— 投资组合 /188

借"洋"鸡生"土"蛋 —— 境外投资 /191

开店的米开朗基罗 —— 经济中的风险与防范 /194

第九章
为什么女模特要比男模特挣得多 —— 职场经济学

为什么女模特要比男模特挣得多 —— 劳动力市场 /198

为什么有些企业愿意支付高工资 —— 效率工资 /201

分粥为什么这么难 —— 效率与公平 /204

办公室里的主角和龙套 —— 二八法则 /208

非优秀员工也被老板重视 —— 木桶理论 /212

高收入者的薪水比普通人涨得更快 —— 马太效应 /215

第十章
好生意不靠碰撞而是靠技巧——管理经济学

处于淡季的航空公司 —— 固定成本与可变成本 / 220

利益联姻还是大鱼吃小鱼 —— 合作兼并需谨慎 / 222

产品如人，也有生老病死 —— 产品生命周期 / 225

"少数服从多数"的危险 —— 阿罗不可能性定理 / 228

微软垄断与反托拉斯政策 —— 垄断与反垄断法 / 231

菲利普·津巴多的实验 —— 破窗效应 / 234

小孩为什么不来玩了 —— 激励制度 / 237

小老板的困惑 —— 经营权和所有权 / 240

第十一章
幸福不是用金钱堆砌的——婚恋经济学

为什么癞蛤蟆总能吃到天鹅肉 —— 先动优势 / 244

校园爱情失败的背后 —— 不完全竞争的市场 / 247

门当户对的婚姻 —— 理性选择 / 250

找一个我爱的人，还是找一个爱我的人 —— 消费者剩余 / 253

第一章

世界上没有不懂经济的富人，也没有懂经济的穷人

"吃狗屎"创造的社会财富 ——GDP

"吃狗屎"也能创造 1 亿元 GDP？来看一则笑话。

经济学研究生甲和乙一同在路上走，这时他们发现前面不远处有一坨狗屎。指着狗屎，甲对乙说："你把它吃了，我就给你 5000 万元。"听到这话，乙琢磨了一下，心想：这么容易就能赚 5000 万元，臭就臭吧，大不了得到钱就去洗胃。想着，他便把狗屎吃光了。

两个人继续向前走，虽说仍有说有笑，但两人心里难免都有点不平衡。甲白白损失了 5000 万元，乙倒是赚了 5000 万元，可一想到吃了坨狗屎心里就不舒服。

这时，他们发现不远处又有一坨狗屎。为了让自己找到一点心理平衡，乙指着狗屎对甲说："你把它吃了，我也给你 5000 万元。"甲有点犹豫，但一想到可以把之前损失的 5000 万元赚回来，他也就不在乎了。乙不是也吃了吗？于是，甲也把狗屎吃了。

这下，两人的心里都平衡了。然而，继续往前走，他们越发觉得不对劲，两个人的资本一点也没有增加，反而一人吃了一坨狗屎。

最后他们决定去找教授诉说。听了他们的话，教授慈爱地安慰他们说："同学们，你们应该高兴啊，因为你们仅仅吃了两坨屎，就为咱们国家贡献了 1 个亿的 GDP！"

虽然这只是一则笑话，但笑过之后我们可以深刻地意识到，无论是两名学生还是教授，对于 GDP 的不甚了解都直接导致了笑话的产生。为了避免这种笑话出现在我们的生活中，我们有必要对 GDP 有一个基本的认识。

GDP，即国内生产总值，是指在一定时期内 (一个季度或一年)，一个国家或地区的经济中所生产出的全部最终产品和劳务的价值，常被公认为是衡量国家经济状况的最佳指标。它不但可以反映一个国家的经济表现，更可以反映一国的国力与财富。

一般来说，国内生产总值共有四个不同的组成部分，其中包括消费、私人投资、政府支出和净出口额。

GDP 用公式表示为：GDP=CA+I+CB+X。式中：CA 为消费、I 为私人投资、CB 为政府支出、X 为净出口额。其测算方法有以下几种：

生产法：GDP= Σ 各产业部门的总产出 – Σ 各产业部门的中间消耗；

收入法：GDP= Σ 各产业部门劳动者报酬 + Σ 各产业部门固定资产折旧 + Σ 各产业部门生产税净额 + Σ 各产业部门营业利润；

支出法：GDP= 总消费 + 总投资 + 净出口。

对于研究生甲和乙来说，他们既没有为国家提供食品、服装等有形的货物，也没有提供科、教、文、卫等方面的服务。在每人吃了一坨狗屎后，他们各自都没有产生更多的价值，手中的钱也丝毫没有折损，与之前比，既没有盈利也没有利润可言，更没有投资。

所以，他们只是吃了两堆本不能算进 GDP 里的垃圾，完全没有教授所言的创造价值。

关于GDP，美国经济学家萨缪尔森认为，GDP是20世纪伟大的发明。他将GDP比作描述天气的卫星云图，它能够提供经济状况的完整图像，帮助领导者判断经济是在萎缩还是在膨胀，是需要刺激还是需要控制，是处于严重衰退还是通胀威胁之中。没有像GDP这样的总量指标，政策制定者就会陷入杂乱无章的数字海洋而不知所措。

由此可见，GDP犹如宏观经济的晴雨表，衡量着所有国家与地区的经济表现。在国际社会中，一个国家的GDP与该国承担的国际义务、享受的优惠待遇等密切相关。

例如，联合国决定一国的会费时，要根据其"连续6年的GDP和人均GDP"来确定；世界银行决定一国所能享受的硬贷款、软贷款等优惠待遇时，也是根据"人均GDP"进行确定的。GDP的重要性可见一斑。

但是，GDP毕竟只是宏观经济的一个指数，有其自身的局限性，并不能准确反映经济发展的所有问题。GDP数字增长的背后可能存在对资源环境的浪费与破坏以及人力、物力的浪费。

▶ **知识链接**

GNP，即国民生产总值，是指一个国家（地区）所有常驻机构单位在一定时期内（一年或一个季度）收入初次分配的最终成果。一个国家常驻机构单位从事生产活动所创造的增加值（国内生产总值）在初次分配过程中主要分配给这个国家的常驻机构单位，但也有一部分以劳动者报酬和财产收入等形式分配给该国的非常驻机构单位。

同时，国外生产单位所创造的增加值也有一部分以劳动者报酬和财产收入等形式分配给该国的常驻机构单位，从而产生了国民生产总值的概念，它等于国内生产总值加上来自国外的劳动报酬和财产收入减去支付给国外的劳动者报酬和财产收入。

国民生产总值的计算方法有三种：

1.生产法（或称部门法），是从各部门的总产值（收入）中减去中间产品和劳务消耗，得出增加值。各部门增加值的总和就是国民生产总值。

2.支出法（或称最终产品法），即个人消费支出＋政府消费支出＋国内资产形成总额（包括固定资本形成和库存的净增或净减）＋出口与进口的差额。

3.收入法（或称分配法），是将国民生产总值看作各种生产要素（资本、土地、劳动）所创造的增加价值总额。

因此，它要以工资、利息、租金、利润、资本消耗、间接税净额（间接税减去政府补贴）等形式，在各种生产要素中间进行分配。

这样，将全国各部门（物质生产部门和非物质生产部门）的上述各个项目加以汇总，即可计算出国民生产总值。

三个城市人的生活质量 ——CPI

小李、小赵、小张三人在大学时是非常要好的朋友，大学毕业因为工作的关系分开后，他们分别在不同的城市里生活、打拼。

转眼又到了放年假的时候，已经有好几年没见过面的三人，为了能重温一下大学时代的美好情谊，决定好好聚在一起吃顿饭。

这个饭局非常融洽。其间，各自有了事业和家庭的三人，似乎又回到了无话不谈的学生时代。这次凑在一起，他们所聊的话题不外乎工作、家庭以及各自在生活中的麻烦和牢骚。

小李首先发言。他现在是一个一线城市的公司职员，一个月的工资不少，但就是感觉手头的钱很紧，总不够用，他抱怨所在城市的消费水平很高，出去购物往往要花掉大笔的钱，而自己的收入水平与消费水平根本不成正比。

小赵听到这话也有相同的感慨。他没有去大城市生活，而是留在一个三线城市，这个地方的收入水平远没有大城市高，物价虽然比大城市要低，但消费却还是要占收入的大部分。他附和地笑了笑，表示对小李的赞同。

对于这个问题，小张却不这么认为，他觉得他现在的生活质量很高，他生活在一个二线城市，城市的发展水平虽然不及大城市，但是比起三线城市要好得多，所以他的工资比小赵要高。而且，因所在城市不是很发达，没有那么大的就业竞争压力，城市的物价也处于中等偏下的水平。他觉得不用花费很多的钱就能买到自己需求的商品，所以对自己现在的生活质量感到非常满意。

为什么同样的工作能力、差别不大的工资水平，给人们带来的幸福感却不同呢？相信大家读过了上面的小故事，能够找到其中传递给大家的几点信息。

要想弄明白上面故事里的含义，首先需要了解一个经济学名词——CPI。那么什么是 CPI 呢？

CPI，即"居民消费价格指数"，是反映根据与居民生活有关的商品及劳务价格统计出来的物价变动指标，通常作为观察通货膨胀水平的重要指标。一般说来，当 CPI 的增幅大于 3% 时，我们称之为通货膨胀；而当 CPI 的增幅大于 5% 时，我们把这种情况称为严重的通货膨胀。

居民消费价格指数，是对一个固定的消费品价格的衡量，主要反映消费者支付商品和劳务的价格变化情况，也是一种度量通货膨胀水平的工具，以百分比变化为表达形式。

在美国构成该指标的主要商品共分八大类，其中包括：食品酒和饮品、住宅、衣着、教育和通信、交通、医药健康、娱乐、其他商品及服务。弄明白了这个名词的含义，我们来具体看下为什么生活在不同城市里的三位同学的生活质量不尽相同。

首先，小李所在的城市是发达的一线城市，城市里居民的收入水平比较高，但是由于城市人口多、竞争压力大，所需要商品的数目也比较大，所以供城市居民消费的商品也比较多。商品比较多就导致了商品的供大于求，在一定程度上有通货膨胀的迹象，所以居民手头上的货币就不怎么值钱了，能用100元买到的商品的价值可能只值九十几元了。居民赚到的钱没有变少，但是用于支付商品的钱变多了，所以就影响了居民的生活质量。

小张所在的城市虽然不如一线城市发达，但是比三线城市的经济状况要好得多，所以居民的消费水平也不会很低，跟这个城市的发达程度成正比。而这个城市由于没有一线城市那种竞争压力极大的情况，出现通货膨胀的概率比一线城市要小得多。居民用低于商品原本价值的钱就可以买到商品，能用更多的钱购买更多的物品，不用为商品支付更多的额外账务，所以在一定程度上，该城市居民的幸福感要比其他城市的高得多。

▶知识链接

核心CPI，是指将受气候和季节因素影响较大的产品价格剔除之后获得的居民消费物价指数。

至2013年，我国对核心CPI尚未明确界定，美国是将燃料和食品价格剔除后的居民消费物价指数作为核心CPI。这种方法最早是由美国经济学家戈登于1975年提出的，其背景是美国在1974—1975年受到第一次石油危机的影响，出现了较大幅度的通货膨胀，而当时消费价格的上涨主要是受食品价格和能源价格上涨的影响。

当时有不少经济学家认为美国发生的食品价格和能源价格上涨，主要是受供给因素的影响，而受需求拉动的影响较小，因此提出了从

CPI中剔除食品和能源价格的因素来衡量价格水平变化的方法。

从1978年起，美国劳工统计局开始公布从消费价格指数和生产价格指数中剔除食品和能源价格之后的上涨率。但是，在美国经济学界，关于是否应该从CPI中剔除食品和能源价格来判断价格水平，至今仍然存在很大争论，反对者大有人在。

通常情况下，人们对于CPI这个经济数据，更加关心的是它的变动幅度，即一个百分比，这就让并不十分了解经济学的人误以为CPI就是一个变动率。

但实际上，CPI在通常情况下是一个大于100的整数，即一系列参考商品的价格相对于基期时它们的价格的一个相对价格，而不是一个变动率数值。它的计算方法跟股票市场的价格指数是十分相似的。

计算方法为实现价值（EV）与实际费用（AC）之比。即：CPI=EV/AC。当CPI≥1时，表明情况有利；而当CPI＜1时，表明情况不利。

穷人跟富人的差距在哪里 —— 基尼系数

在网上流行着这样一句话：穷人是消费者，富人是投资者；穷人负责发现，富人负责发扬。

一句流行语，却在不经意中将所谓的穷人和富人的差距，披露得一针见血。与其说穷人最缺的是钱，倒不如说穷人最缺的是创造财富的能力。穷人的种种弱点以及所处的社会环境让穷人的处境十分艰难。

就像许多女人都喜欢逛街，喜欢花钱，喜欢拎着大包小包的打折商品回家，然后塞进柜子，最后将它们当作废品处理掉一样，许多穷人消费的意义都在于购物的过程，而忽略了商品最重要的价值。如此，穷人们的兴趣点只在让钱流出去，而不在于让钱流进来。正因为很多穷人都有着这样的理念，所以，这些人恐怕一辈子都是穷人。

一件衣服可能会在流行浪潮的影响下因为款式不再新颖而贬值，过不多久便会被人遗忘，而购置可盈利的资产则会让钱源源不断地流进你的腰包。如果拥有一套房子可以让钱流进你的口袋，那就是资产；而如果为了这套房子，把钱从口袋里流出去，它则变成了你的负债。当许多穷人不断重复着买彩票中大奖的梦呓时，富人们却在想着卖彩票的人是如何经营的；当许多穷人热衷于房地产和股票市场时，富人却十分清醒地认识到，最能挣钱的办法就是自己成立公司，自己当老板，把公司经营好。

如果一个人把全部精力都集中在怎样选号、怎样投注、怎样去中大奖上，那么这个人的思维就是典型的穷人思维，其成功的概率只有千万分之一，几乎等于没有。而他的钱永远只能为别人汇聚、被别人利用，成为别人事业的基石。

穷人做事情，富人做事业。事业和事情，差之毫厘，谬以千里，两者在时间、空间和性质上，都绝不相同。

生活观念和思维方式的不同，直接导致了人们在财产收入及资源分配上的不平衡，富人和穷人也由此出现。而提及穷人和富人之间的差距，最先需要了解的便是基尼系数。由于对一个国家的贫富差距的关注程度非常高，人们发明了很多评价贫富差距的指标或者参数，基尼系数就是其中最著名的一个。

基尼系数，或译成坚尼系数，是赫希曼根据劳伦茨曲线所定义的，是判断收入分配公平程度的指标，也是国际上用来综合考察居民内部收入分配差异状况的一个重要分析指标，其比例数值在 0 至 1 之间。基尼系数越小，说明收入分配越平均；基尼系数越大，说明收入分配越失衡。通常把 0.4 作为贫富差距警戒线，大于这一数值时容易出现社会动荡。

基尼系数的经济含义是：在全部居民收入中，用于进行不平均分配的那部分收入占总收入的百分比。基尼系数最大为"1"，最小等于"0"。前者表示居民之间的收入分配绝对不平均，即 100% 的收入被一个单位的人全部占有了；而后者则表示居民之间的收入分配绝对平均，即人与人之间收入完全平等，没有任何差异。但这两种情况只是在理论上的绝对化形式，在实际生活中一般不会出现。因此，基尼系数的实际数值只能介于 0 至 1 之间。

目前，国际上用来分析和反映居民收入分配差距的方法和指标有很多。基尼系数由于给出了反映居民之间贫富差异程度的数值界线，可以较客观、直观地反映和监测居民之间的贫富差距，从而预报、预警和防止居民之间出现贫富两极分化，因此得到了世界各国的广泛认同和普遍采用。

基尼系数，按照联合国有关组织规定：

若低于0.2表示收入高度平均；

0.2~0.29表示收入比较平均；

0.3~0.39表示收入差距相对合理；

0.4~0.59表示收入差距较大；

0.6以上表示收入差距悬殊。

在我国，随着贫富差距逐渐地拉大，基尼系数也越来越成为人们热议的话题。有人认为我国基尼系数已经超过了0.4的警戒线。而有的人则认为我国情况特殊，基尼系数的作用被夸大了，我国的贫富差距情况没有那么严重。

总体而言，基尼系数是一个反映收入分配公平程度、衡量收入分配差距的指标。

▶ **知识链接**

劳伦茨曲线：为了研究国民收入在国民之间的分配问题，美国统计学家劳伦茨于1905年提出了著名的劳伦茨曲线。曲线的横轴表示人口按收入由低到高分组的累计百分比，纵轴表示收入的累计百分比。一般国家的收入分配状况，既不是完全平等的，也不是完全不平等的，而是在两者之间，劳伦茨曲线为一条凸向横轴的曲线。

一套房子到底值多少钱 —— 购买力

这是个很耐人寻味的故事，发生在中国和美国这两个完全不同的国家。

张女士很想拥有一套属于自己的房子。她已经进入中年了，在一家普通的公司里面上班，算不上特别有钱，高昂的房价让她望尘莫及。于是她便遵循老办法，她与丈夫在生活上非常节俭，除去生活上必要的开销，他们几乎很少乱花钱，把攒下的钱都存到银行里，还投资了基金、股票等，希望能用自己的节俭与勤劳，早点儿攒够买房子的钱，了却自己的心愿。

于是他们开始了艰苦的生活，生活虽然很辛苦，但是买房子是个盼头。

他们慢慢变老了，身体也开始变差，一场大病下来，张女士不堪重负，住进了医院。不幸的是张女士最后还是去世了，临终前都没有实现买房子的愿望。

而远在美国的另一个家庭，他们同张女士的情况差不多，也是属于工薪阶层，买房子也比较困难。但是他们和张女士的观念并不相同，他们通过向银行贷款，买到了属于自己的房子，于是他们两个人住进了新买的房子里面，快快乐乐地生活着。

这个故事涉及一个经济学名词——购买力，正是中美两国不同的购买力与不同的消费方式，导致了这个故事里主人公的两种不同的结果。

购买力是指在一定时期内用于购买商品的货币总额，是通过社会总产品和国民收入的分配和再分配形成的，社会购买力来源于各种经济成分的职工工资收入、其他职业的劳动者的劳动收入、居民从财政方面得到的收入(如补贴、救济、奖励等)、银行和信用单位的农业贷款、预购定金净增加额、居民其他收入、社会集团购买消费品的货币。购买力即是指对商品的购买能力。

中国的社会购买力主要由三部分组成：居民购买消费品的货币支出、社会集团购买力、农民购买农业生产资料的货币支出。其另一种含义是指单位货币能买到商品或劳务的数量，即货币购买力。它决定于货币本身的价值、商品的价值或劳务费用的高低。

购买力的大小，取决于社会生产的发展水平和国民收入的分配情况。社会购买力随着社会生产的增长而不断提高，而国民收入中积累与消费比例关系的变化也对购买力产生直接的影响。

▶ 知识链接

商品是为了交换而生产（或用于交换）的对他人或社会有用的劳动产品。商品的基本属性是价值和使用价值。价值是商品的本质属性，使用价值是商品的自然属性。

社会集团购买力，是指社会集团用公款在市场上购买非生产性商品的资金。

装钱的筐子被偷了 —— 通货膨胀

第一次世界大战后,在德国流传着这样一个有趣的笑话:

有一个小偷来到一户人家偷东西,看见一个筐里装满了钱。小偷端起筐看了看,然后把钱倒出来,将筐提走了。

为什么小偷不要钱,反而带走了筐呢?原来,在当时的德国,货币已经贬值到人们难以想象的程度。因而,将筐与钱比较,小偷觉得筐更有价值。

第一次世界大战后,国家经济本已处于崩溃边缘的德国,为了偿还高昂的战争赔款,只能日夜赶印钞票,以期通过大量地发行货币来为赔款筹资。德国政府这种迫于无奈而为之的做法,引发了德国历史上一次最引人注目的超速通货膨胀。

1922年1月到1924年12月,短短两年时间,德国的货币和物价一直在以惊人的比率上升。我们可以从一张报纸的价格变化来看这种超速变化:每份报纸的价格从1921年1月的0.3马克上升到1922年5月的1马克、1922年10月的8马克、1923年2月的100马克,直到1923年9月的1000马克,再到1923年10月1日的2000马克、同年10月15日的12万马克、10月29日的100万马克、11月29日的500万马克,再到12月17日的7000万马克。

一张报纸从最开始的0.3马克涨到了7000万马克。伴随着货币的贬值，德国进入了超速通货膨胀状态。"知己知彼，百战不殆。"让我们首先了解一下恐怖的通货膨胀。

通货膨胀是指在纸币流通的条件下，因货币供给大于货币实际需求，即现实购买力大于产出供给导致货币贬值，而引起的一段时间内物价持续普遍的上涨现象。其实质是社会总需求大于社会总供给，即供远小于求。

2009年2月，针对本国惊人的通货膨胀，津巴布韦中央银行行长决定从其发行的巨额钞票上去掉12个0。这样一来，津巴布韦的1万亿元纸币就相当于1元。也就是说，此时津巴布韦的通货膨胀率已经达到百分之十亿。

由此可见，货币供给率高于经济规模的增长率，即纸币发行量超过流通中实际需要的货币量，是导致津巴布韦通货膨胀的主要原因。

有关纸币发行量会超过实际需要的货币量问题，经济学家表示，外贸顺差和投资过热都可能导致这一问题的发生。

首先说外贸顺差。对于任何一个外贸企业，其出口商品所换回的外币都要上交到央行，然后政府再返还本国货币给企业，所以企业挣了多少外汇，央行就要以多少本国货币购买外汇。如此，在外贸顺差的情况下，本国货币的投放随着外汇流入的增多而递增。但国内市场商品的流通量不变，则很可能发生通货膨胀。

通货膨胀通常是由经济运行总层面中出现的问题引起的，其实质就是社会总需求大于社会总供给。因而，投资过热也可能导致通货膨胀。许多发展中国家的政府为了达到投资拉动经济的目的，在基础设施建设的投入上都会加大力度。于是，加印更多纸币的可能性就会增大。

此外，在我们的现实生活中，还有一种隐蔽性通货膨胀存在。所谓的隐蔽性通货膨胀就是指社会经济中存在着通货膨胀的压力或潜在的价格上升危机，由于政府的严格控制，通货膨胀没有真正发生。而一旦政府放松管理，通货膨胀就会随机发生。

当手里的钱开始不值钱时，许多人都会为通货膨胀而担忧。但一些经济学者表示，物价上涨率在 2.5% 以下叫作不知不觉的通货膨胀。他们认为，温和的通货膨胀不会引起太大的社会混乱，反而对经济的发展有一定刺激作用。

在经济飞速发展的今天，虽然普通百姓对通货膨胀的关注度相较从前已有很大提升，但面对主要源自经济运行总层面中的问题，除了进行实物投资、减少货币流入等措施，人们更多还是依赖政府在贷款利率、货币政策等方面的调控。

▶ 知识链接

通货紧缩：当市场上的流通货币减少，人们的货币所得减少，购买力下降，影响物价下跌，就会造成通货紧缩。长期的货币紧缩会抑制投资与生产，导致失业率升高以及经济衰退。对于其概念的理解，仍然存在争议。但经济学者普遍认为，当消费者价格指数连跌三个月，即表示已出现通货紧缩。通货紧缩就是产能过剩或需求不足导致物价、工资、利率、粮食、能源等各类价格持续下跌。著名诺贝尔经济学奖得主保罗·萨缪尔森表示：价格和成本正在普遍下降即是通货紧缩。

明朝灭亡的罪魁祸首 —— 银根紧缩

1368年，在南京，朱元璋建立了大明王朝。200多年后的1644年，盛极一时的朱家王朝覆灭。一个根基稳固的王朝在不长的时间里灭亡，其中的原因必然不少。比如，统治者的腐败，天灾导致民不聊生从而引发的农民起义，奸臣、宦官专政等。但我们不能忽略其中的一个重要因素，那就是经济方面的危机。可以说，这是大明王朝走向衰亡的罪魁祸首。

明朝中后期，由于统治者实行了开放的政策，很多沿海的城市成了商品的集聚地。此时，各种时机都已经成熟，中国出现了资本主义萌芽，在江南等富庶的地区都有了家庭作坊式的店铺。对外贸易的扩大化使得国内生产日益专业化、市场化。这虽然是好事，但其中也隐藏着危机：粮食生产的区域化、市场化可能会造成并加剧粮食危机，如果某个地区不种植粮食，粮食生产风险就是巨大的。

在当时，统治者没有发行纸币，而是使用白银、黄金、铜作为流通货币，但是中国不盛产贵金属，所以一直以铜币作为流通货币，至于白银与黄金则是一直依赖进口。由于当时中国的出口业非常发达，大量的瓷器与茶叶都销往欧洲，所以大量的白银也流入国内，越来越多的白银就使得白银的产量大于需求，白银的价格也就随之变低。但是到了明朝后期，由于当时的白银产地美洲出现了白银产量下降的状况，所以流入中国的白银数量减少，而社会的上层人士沉迷于"人参、鹿茸、貂皮"等东北三宝，使得大量的白银流往东北，国家的财政由此短缺，后来发生了农民起义，满族也过来夹击，政府并没有多余的财政支撑打仗，所以便很快在战争中溃败。不久，辉煌了200多年的大明王朝就灭亡了。

明朝灭亡的原因在现代社会还是具有重要启示的，导致明朝灭亡的罪魁祸首就是银根紧缩。

银根指的是市场上货币周转流通的情况。紧缩银根也就是市场需要的货币少而实际流通于市场的货币量过大，国家银行采取一系列措施减少流通中的货币量。

明朝并没有发行纸币以此来缓解由此带来的危险，所以后来出现战争的时候，政府就没有足够的钱提供给军队去打仗了，就是当时的银根紧缩这个现象，使得明朝在经济上跌了重重的一跤。

提及银根紧缩的重大影响，一是影响宏观经济，间接影响股市；二是影响股市的资金供应；三是影响人们的心理预期；四是对银行类等上市公司的经营有影响。

对于出现了银根紧缩这种情况，相关部门应该有如下几点对策：一是提高存款准备金率；二是提高央行基准利率；三是调高再贴现率；四是卖出国债或外汇。

▶ **知识链接**

任何一种具有可以执行交换媒介、价值尺度、延期支付标准和完全流动的财富储藏手段等功能的商品，都可以被看作货币；从商品中分离出来固定地充当一般等价物的商品，就是货币；货币是商品交换发展到一定阶段的产物。货币的本质就是一般等价物。

存款准备金是指金融机构为保证客户提取存款和资金清算需要而准备的在中央银行的存款，中央银行要求的存款准备金占其存款总额的比例就是存款准备金率。

公开市场业务是指中央银行通过买进或卖出有价证券，吞吐基础货币，调节货币供应量的活动。与一般金融机构所从事的证券买卖不同，中央银行买卖证券的目的不是盈利，而是为了调节货币供应量。根据经济形势的发展，当中央银行认为需要收缩银根时，便卖出证券，相应地收回一部分基础货币，减少金融机构可用资金的数量；相反，当中央银行认为需要放松银根时，便买进证券，扩大基础货币供应，直接增加金融机构可用资金的数量。

越来越穷的埃塞俄比亚 —— 两极分化

在第六十届联合国首脑峰会期间,世界银行公布了一份长达 190 页的报告,分别公布了世界上最不发达和最发达的 10 个国家。在公布的 10 个最不发达的国家中,埃塞俄比亚位居首位。

调查显示,埃塞俄比亚的人均财富仅为 1965 美元,与报告中显示的人均财富达到 648241 美元的、排在世界最富有国家第一位的瑞士,相差将近 330 倍。

在这项报告中,除了两个排名,我们还可以看到一个令人十分震惊的现象:世界上最不发达的 10 个国家,除尼泊尔外,几乎全在非洲;而世界上最发达的国家几乎全在欧洲。

我们都知道,在国际社会中,根据国家的地理位置和各国经济的发展情况,习惯上把多在南半球的发展中国家称为"南方",而把多在北半球的发达国家称为"北方"。从第二次世界大战后新的世界格局形成以来,由于发展中国家与发达国家间越来越大的经济差距,人们对"南北差距"问题的关注度与日俱增。

两极分化,原指在私有制商品经济条件下,不断从小商品生产者中产生少数脱离劳动的资本家和大量出卖劳动力的雇佣劳动者这样两个极端的趋势。而在现代社会中，随着"南北差距"的不断加大，发达国家不断利用垄断的地位来控制发展中国家的对外贸易，如同一把张开的剪刀，在压低发展中国家所生产的初级产品的世界市场价格的同时，不断提高自身生产的工业制成品的世界市场价格。发达国家用这种交易手段赢得了高额利润。在不断打压和"剪刀差"的作用下，发达国家越来越富，发展中国家日渐落后，"两极分化"由此形成。

在国际贸易中，发展中国家以输出原料、劳务和初级产品，进口制成品为主，而发达国家则凭借自身在经济中的统治地位，以输出制成品，进口原料、劳务及初级产品为主。在这个过程中，原料、劳务和初级产品的价格低于价值，工业制成品的价格高于价值，于是，国际价格的剪刀差便使发展中国家在国际贸易中蒙受了巨大的经济损失。据不完全统计，20世纪五六十年代，发展中国家每年在剪刀差的扩大中所受到的损失达2000多亿美元。

为了扭转经济中这一不平等的交易，20世纪60年代中期以来，发展中国家要求在国际经济体系中取得平等地位的呼声越来越高，南北关系中的经济合作逐渐成为南北对话的重要内容。

1974年，联合国召开特别会议，第一次正式将南北关系问题提到国际议事日程，并通过了《建立国际经济新秩序宣言》和《建立新的国际经济秩序行动纲领》。对话的范围深入原料、贸易、发展、技术转让、国际货币金融等各个领域。一路风风雨雨走过，1981年10月22日，在墨西哥坎昆举行的首脑会议上，重新肯定了联合国主持下全球谈判的可能性和迫切性。但由于在一系列重大问题上南北双方的观点相去甚远，南北对话基本上处于停滞不前的状态。

1993年联合国大会上,我国就南北关系提出了四项原则。

尽管在追求平等的国际经济地位中,发展中国家还有许多实际的问题要面对,但相信,在发展中国家的携手努力下,未来的世界经济发展将打破"两极分化"的不良局面。

▶知识链接

南南合作,即发展中国家间的经济技术合作。由于大部分发展中国家分布在南半球或北半球的南部,因而发展中国家间的经济技术合作被称为南南合作。南南合作是促进发展的国际多边合作中不可或缺的重要组成部分,是发展中国家自力更生、谋求进步的重要渠道,也是确保发展中国家融入和参与世界经济的有效手段。

山西人比广州人还富有？——恩格尔系数

作为一项指标，恩格尔系数是衡量一个国家居民生活水平的标准。一次调查的结果显示，广州市城镇居民的恩格尔系数为37.31%，山西省城镇居民的恩格尔系数为33.5%，宁夏回族自治区城镇居民的恩格尔系数为36.0%。

根据联合国粮农组织提出的标准，恩格尔系数在30%~40%为富裕。这就意味着，广州、山西、宁夏等地的城镇居民均已经进入富裕阶段。

但是，这样的调查结果让人不禁产生一种"似是而非"的感觉。

1857年，德国著名的统计学家恩斯特·恩格尔阐明了一个定律：随着家庭和个人收入的增加，收入中用于食品方面的支出比例将逐渐减小。这一定律被称为恩格尔定律，反映这一定律的系数被称为恩格尔系数。

针对前面提到的与事实相悖的"山西人比广州人更富有"的现象，专家们指出，恩格尔系数只是衡量一个地区居民生活水平的指标之一。

根据联合国粮农组织提出的标准，恩格尔系数在59%以上为贫困，50%~59%为温饱，40%~50%为小康，30%~40%为富裕，低于30%为最富裕。

但衡量一个地区的居民生活水平的指标有很多，恩格尔系数只是其中之一。如果仅用恩格尔系数作为标准来衡量一个地区的居民生活水平，难免会出现与事实不符的情况。

上述例子中之所以出现这种情况，是因为恩格尔系数是用食品支出占消费总支出的比例来说明经济发展、收入增加对生活消费的影响程度。众所周知，吃是人类生存的第一需要，在收入水平较低时，其在消费支出中必然占有重要地位。随着收入的增加，在食物需求基本得到满足的情况下，消费的重心才会开始向穿、用等其他方面转移。因此，一个国家或家庭生活越贫困，其恩格尔系数就越大；反之，生活越富裕，其恩格尔系数就越小。这是一个带有规律性的标准。

当然，在现实中还要考虑到一些隐性的因素，这些因素在调查时是不被人们计算在内的，但却是影响这一系数的因素之一。如例子中，说到吃穿用度，两广地区素有"美食天下"之称，并且广州的餐饮文化十分发达，近几年中国内地出现的去餐馆吃年夜饭的习惯，据说就是由"广州带动广东，辐射华南，影响全国"的。可见，食品支出在广州人的消费支出里是很重要的。而北方地区，特别是西北地区的城镇居民对吃的"追求"远不如广东地区，反倒是北方寒冷的天气让人更注重穿。从这一点来看，用恩格尔系数来"比富"，两广地区就没有优势了，而西北地区则看着更富裕了。

专家还强调，恩格尔系数反映的是一种长期的趋势，帮助人们了解消费结构的变化，即便是处于逐年下降的阶段，还要剔除很多不可比的因素。说到消费结构，根据目前的情况，采用服务性消费支出占总支出的比例或许比恩格尔系数更有说服力。

▶ **知识链接**

购买力平价,在经济学上是一种根据各国不同的价格水平计算出来的货币之间的等值系数,以便对各国的国内生产总值进行合理比较。但是,这种理论汇率与实际汇率之间可能有很大的差距。

第二章

像经济学家一样思考，赋予你看透世界的魔力

吝啬鬼最大方的时候 —— 商品

西门庆是古典文学名著《金瓶梅》里面的主人公，这个人可谓是无恶不作，除了在行为上很卑鄙、在生活中很放荡之外，他还是个十足的吝啬鬼。但这个吝啬鬼并不是什么时候都吝啬，他也有非常大方的时候，尤其是在他攀上了当时的奸臣蔡京之后，不惜一掷千金来请蔡京做靠山。

西门庆先后两次给蔡京送寿礼，这都体现了他精明的性格。

第一次是在书中第二十七回，由来保、吴典恩押送礼物，送的是"四座一尺高的四阳捧寿的银人，两把金寿字壶，两副玉桃杯，两套杭州织造的蟒衣，还有南京的绸缎、羊羔美酒"。蔡京的观感是："但见黄烘烘金壶玉盏，白晃晃减仙人；良工制造费工夫，巧匠钻凿人罕见。锦绣蟒衣，五彩夺目；南京缎，金碧交辉；汤羊美酒，尽贴封皮；异果时新，高堆盘盒。"

蔡京十分欢喜，当场就填写了三份官诰：一份任命西门庆为"金吾卫衣左所副千户、山东等处提刑所理刑"；另一份任命押送礼物的吴典恩做清河县驿丞；还有一份任命来保为山东郓王府校尉。这是赤裸裸的"权钱交易"，一手交钱一手交货，好在当场兑现，并无拖欠。

第二次送寿礼，是在书中第五十五回，由西门庆亲自押送，共 20 担礼物。有一张礼单写得分明：大红蟒袍一套、官绿龙袍一套；汉锦20匹、蜀锦20匹、火浣布20匹、西洋布20匹，其余花素尺头共40匹；狮蛮玉带一围、金镶奇南香带一围；玉杯、犀杯各10对，赤金攒花爵杯8只；明珠10颗；又体己黄金200两。

这张礼单可能有所夸张，然而小说家这样写，目的是强调西门庆不同于旧式商人，他不是靠一味俭省发迹的。在明代商品经济崛起的大潮中，只有敢于做"政治投资"的商人，方能前程无限。此番贺寿，蔡太师非常高兴，过生日那天特意只留西门庆一个人吃酒，这是很高的荣誉，也印证了西门庆这个外省商人在蔡太师眼中的地位。

这个故事让我们了解了什么叫作"商品"。

商品就是为交换而生产（或用于交换）的对他人或社会有用的劳动产品。商品的基本属性是价值和使用价值。价值是商品的本质属性，使用价值是商品的自然属性。狭义的商品仅指符合定义的有形产品；广义的商品除了可以是有形的产品外，还可以是无形的服务。比如，"保险产品""金融产品"等。

一般来说，一件物品要想成为商品，必须要满足以下三点：

1. 作为商品，首先必须是劳动产品。换句话说，如果不是劳动产品就不能称为商品。

2. 作为商品，还必须要用于交换。如果某件物品没有用来交换，那么即使它是劳动产品，也不能说它是商品。

3. 对他人或社会有用。一件物品，如果没有用的话就不会发生交换，只有有用的东西才能发生交换。

西门庆非常精明，他知道他送的这些寿礼不只是为了答谢人情，这些寿礼是"商品"。在当时的情况下,他如此做,能够得到比付出价值更大的利益,算是一场交易。

▶ 知识链接

商品的价值是凝结在商品中的无差别的人类劳动。商品的价值是商品特有的本质属性。

商品的使用价值是商品能够满足人们需要的物品的有用性,不同的商品具有不同的使用价值,不同的使用价值是由物品本身的自然属性决定的;同一种商品具有多种自然属性,因而具有多方面的有用性。

交换价值指的是当一种产品在进行交换时,能换取到其他产品的价值。

有形产品又称形体产品或形式产品,是产品呈现在市场上的具体形态,也是满足消费者某一需求的特定的形式,是核心产品得以实现的形式。它一般通过不同的侧面反映出来,如质量水平、产品特色、产品款式以及产品包装和品牌。产品的基本效用必须通过某些具体的形式才能得以实现。

"君子国"里也有讨价还价 —— 经济人

在我国古典文学作品《镜花缘》中,作者想象出一个以礼仪著称的国家——"君子国"。"耕者让田畔,行者让路。士庶人等,无论富贵贫贱,举止言谈,莫不慕而有礼。"在这里人人都大公无私。在市场交易中,他们恪守"卖主力争付上等货,卖低价,买主力争拿次等货,付高价"的准则。下面有一则具体场景。

买者:我付给你的钱已经很少了,而你却认为给多了,这是违心的说法。

卖者:我的货既不新鲜,又很平常,整体而言,不如别人的好,我跟你要货价的一半,已经很过分了,怎么能收你全价呢?

买者:我是能够识别好坏的,这样的货只收半价,太有失公平了。

卖者:你若真想买,就付价钱的一半,如此就公平了;如果你认为价格太低了,那就去另外一家买,看看还有没有比我这儿更贵的货。

最后没有办法,另有旁边人的劝说,买者只好拿了上等货物与下等货物各一半悻悻离开。

在作者李汝珍的笔下,没有欺诈,没有私欲,一个世外桃源般和谐的君子国展现着最淳朴的乡情、最善良的人性。诚然，这样一个君子世界，是我们每个人都十分向往的。在书中，作者用描绘理想的笔，对人性展开了探索。

古代圣贤孟子说"人之初，性本善"，而荀子则另立一说，主张"性本恶"，李宗吾更甚，将世间人的一切言行都归结在"厚"且"黑"中。千余年来，关于人性本源的问题，人们从未停止过争论。但不管对人性的论证怎样，"君子国"的美丽传说，终如海市蜃楼一般，短暂停留后便消失得无影无踪。而涉及市场与经济，在经济学世界中，对人性的假设则是理性经济人。

理性经济人，又称作"经济人假设"，经济学正是在理性经济人的假设下研究资源既定时的利益最大化问题。对个人而言，就是收入和效用最大化；对企业来说，就是利润最大化和企业资产价值最大化；对国家而言，就是GDP和社会福利的最大化。换句话说，经济学认为所有人都是理性经济人，一切行为的目标只为个人利益最大化。

理性经济人假定了人的思考和行为都是目标理性的，唯一试图获得的经济好处就是物质性补偿的最大化。由此可见，小说中的"君子国"是不会出现的。

亚当·斯密在《国富论》中有一段文字对理性经济人的阐述较为清晰："我们每天所需要的食物和饮料，不是出自屠户、酿酒家和面包师的恩惠，而是出于他们自利的打算。我们不说唤起他们利他心的话，而说唤起他们利己心的话；我们不说我们自己需要，而说对他们有好处。"这段论述表明：人和人之间是一种交换关系，能获得食物，是因为每个人都要获得自己最大的利益。

在经济活动中，当一个人面对若干种不同的选择机会时，他总是倾向于选择能给自己带来更大经济利益的机会，也就是总会去追求最大的利益。但是，这里的自利也并不完全等于自私。在生活中，追求自利但并不自私的现象一样存在。比如宗教中虔诚祈祷的信教徒，他们充满了行善的愿望，在他人得到幸福时，他们自己也觉得很幸福。

有的孩子将自己最喜欢的玩具先藏起来，再把剩下的玩具拿给别人挑选，在这一点上也可以找到经济人理性思维的影子。就像小孩子知道关注自己最喜欢的玩具一样，每个人在经营活动中都知道自己的利益所在，也都会想方设法去实现自己的利益。尽管人们的"理性"是有限的，因为人不是全知全能的，往往在行为中会受到各种因素的影响，诸如经济形势、政治形势等外部复杂多变的条件，但是，每个人还是会尽力做出最有利于自己的决策，趋利避害。所以，人们都希望能买到"物美价廉"的商品，而绝不会像"君子国"中人，选择"质次价高"的商品。

在经济学中，所有人都被假设为理性经济人，这种假设，已经成为经济学的根基。没有这种假设，人们也就无从去认识经济规律，更不可能制定出切实可行的经济政策。但事物的发展总是有两面性。从另一个角度来看，我们也应该看到，理性经济人只是一种对人性的假设，在现实生活中，人不可能处处都以理性经济人的视角观察世界。理性经济人的假设只是承认理性经济人是无法更改的人性，承认它的存在只是对人类趋利本性的一种认识和引导，承认在现实的经济活动中我们不可能为了实现自身利益最大化就不择手段，我们必须遵循市场经济的规律以及法律制度的约束，而并不赞扬利己性。

▶ 知识链接

道德人：亚当·斯密在《道德情操论》中阐述了人性不同于经济人的另外三个方面：同情心、正义感、行为的利他主义倾向。这些是人的道德性的体现，这种伦理思想后来被发展成"道德人"理论。

社会人，与"自然人"相对。在社会学中指具有自然和社会双重属性的完整意义上的人。通过社会化，自然人在适应社会环境、参与社会生活、学习社会规范、履行社会角色的过程中，逐渐认识自我，并获得社会的认可，取得成为社会成员的资格。

"社会人假设"是梅奥等人依据霍桑实验的结果提出来的。这一假设认为，人们最重视的是工作中与周围人友好相处，物质利益是相对次要的因素。梅奥说过："人是独特的社会动物，只有把自己完全投入到集体之中才能实现彻底的'自由'。"

劣币为什么会驱逐良币 —— 柠檬市场

纵观货币的发展历史，金属货币占据市场的时间十分久远。伴随着人类文明的逐步演进，人类使用的货币也在不断发展的过程中，并日益精确。

历史上，为了使用起来更方便，人们将金属制造成便于携带、交易和计算的"钱"，于是这种人为铸造的货币就有了一个"面值"。而"面值"的出现，也使铸币内在的某种金属含量产生了与面值不相等的可能。比如，一克黄金铸币的实际含量可能并不是一克，人们可以加入一些其他低价值的金属混合铸造，但它仍然作为一克黄金流入市场交易中。

相同的面值，却有不同的实际价值。久而久之，在买卖中，货币交易自然会出现失衡的现象。16世纪，英国就有过一次"劣币驱逐良币"的历史。

16世纪，英国商业贸易已经相当发达，在贸易流通中，玛丽女王统治时代铸造的一些价值不足的货币便出现了货币面值相同而实际价值不同的情况。在这种情况下，人们大都会将足值的货币贮藏起来，或者将其熔化或者流通到国外。这样，最后流回英国偿付贸易和流通的则是那些不足值的"劣币"，英国由此蒙受了巨大的经济损失。于是，伊丽莎白女王接受格雷欣的建议，恢复英国铸币的足够成色，以免足值铸币在贸易中被不足值的铸币"驱逐"到国外。

在16世纪，英国发生的这种"劣币驱逐良币"的现象，后来被经济学家称为"劣币驱逐良币效应"。而产生这一现象的根源则在于当事人的信息不对称。即贸易双方对货币的成色或真伪的了解情况并不一致，如此，劣币持有者很轻易便将手中的劣币花出去，良币的持有者在不知情的情况下便蒙受了损失。

"劣币驱逐良币"的现象在市场上是普遍存在的。在这里，与良币相比，劣币自然就成了"次品"，也就是美国俚语中的"柠檬"。诺贝尔经济学奖获得者阿克洛夫曾发表过一篇名为《柠檬市场：质量的不确定性和市场机制》的论文，在这篇论文中，"柠檬市场"指的就是次品市场。

柠檬市场也称阿克洛夫模型，是指信息不对称的市场，即在市场中，产品的卖方对产品的质量拥有比买方更多的信息。在极端情况下，市场会止步萎缩甚至消失，这就是信息经济学中的逆向选择。当产品的卖方对产品质量比买方拥有更多信息时，柠檬市场就会出现，低质量产品会不断驱逐高质量产品。柠檬市场效应则是指在信息不对称的情况下，往往好的商品会遭到淘汰，而劣等品会逐渐占领市场，从而取代好的商品，导致市场中都是劣等品。

按照常规理解，降低商品的价格，该商品的需求量应该增加；提高商品的价格，该商品的供给量应该增加。但是，由于信息的不完全性，有时，降低商品的价格，消费者并不会做出增加购买的选择；提高价格，生产者也不会增加供给。"二手笔记本市场模型"可以形象地解释这种现象。

假设有一个二手笔记本市场，买笔记本的人和卖笔记本的人对笔记本质量信息的掌握是不对称的，买家只能通过笔记本的外观、介绍和简单的性能测试来了解笔记本的质量信息，而这却很难准确判断出笔记本的质量好坏。因此，对买家来说，在买下二手笔记本之前，他并不知道哪个笔记本质量好些，只知道市场上笔记本的平均质量。

当然，买家知道市场里面的好笔记本至少要卖6000元，不好的笔记本最少要卖2000元。那么，买笔记本的人在不知道笔记本质量的前提下，只愿意根据平均质量出价，也就是4000元。但是，那些质量很好的笔记本的卖主就不愿意了，他们的笔记本将会撤出这个二手笔记本市场，市场上只留下产品质量低的卖家。如此反复，二手笔记本市场上的好笔记本将会越来越少，最终将陷入瓦解。

在买卖双方信息不对称的情况下，传统的市场竞争中得出的"优胜劣汰"结论便被瓦解，"劣币驱逐良币"的现象也就随之发生。其实，仔细观察我们可以发现，柠檬市场无处不在。

举个不恰当的例子，在学校里参加一次考试，很多人为了得到奖学金，不惜通过作弊来实现自己拿奖学金的愿望。当这样想的人多了，作弊的人数也随之增加，这样导致的结果是整个班级或者年级取得高分的人数增多。这种信息不对称使得学校只好确定一个较高的发放奖学金的标准。结果，一部分努力学习、成绩一直优秀而没有作弊的学生却失去了评比的资格优势，没有努力的学生反而轻易跻身到候选人中。认识"柠檬"现象，很多时候可以帮助我们免受其害。

▶知识链接

逆向选择是指由于交易双方信息不对称以及市场价格下降产生的劣质品驱逐优质品,进而出现市场交易产品平均质量下降的现象。

道德风险是20世纪60年代西方经济学家提出的一个经济哲学范畴的概念,即从事经济活动的人在最大限度地增进自身效用的同时做出不利于他人的行动。或者说是:当签约一方不完全承担风险后果时所采取的自身效用最大化的自私行为。

把梳子卖给和尚 —— 供需法则

在销售行业有这样一个经典的案例 —— 把梳子卖给和尚。

某企业在一次培训营销人员的过程中,给营销人员出了这样一道难题 —— 到寺庙推销梳子。在场的所有人对这个命题都表示怀疑。把梳子卖给和尚,怎么可能呢?和尚没有头发,根本就用不着梳子。面对这样的任务,许多人都打退堂鼓,放弃了这个训练任务,只有小李、小王、小张三人接受了这次挑战。

7天的期限很快就到了,三人回到了公司各自汇报自己的销售成果。出人意料的是,三人都将梳子卖出去了。但小李只卖出10把,小王卖出了100把,而小张居然卖出了1000把。同样的条件,为什么结果会有这么大的区别呢?

答案很快就被销售主管公布了出来。

小李跑了三座寺庙,受到了无数和尚的谩骂和追打,但仍然不屈不挠地向和尚推销。在第五天的时候,他猛然开窍,跟和尚说了这样的话:"头应该经常梳梳,可以有效止痒;头不痒的时候也要梳,这样可以活络血脉,有益健康。"结果居然真的有10个和尚买了他的梳子。

小王去了一座名山古寺,由于山高风大,前来进香的善男信女的头发都被吹乱了。小王找到住持，说："蓬头垢面对佛是不敬的，应在每座香案前放把木梳，供善男信女梳头。"住持认为有理。那间庙共有10个香案，于是住持买下了100把梳子。

小张去了一座颇负盛名、香火极旺的深山宝刹，他对方丈说："凡来进香者，都有一颗虔诚之心，宝刹应有回赠，保佑其平安吉祥，鼓励他们多行善事。我有一批梳子，您的书法超群，可刻上'积善梳'三字，然后作为赠品送给进香者。"方丈听罢大喜，立刻买下1000把梳子。

"好胳膊好腿不如一张好嘴"，确实，世界上没有卖不出去的东西，只有不会卖东西的人。

美国著名经济学家保罗·萨缪尔森曾经说过，其实经济学并没有我们想象的那么难，我们只需要掌握两件事即可：一个是供给，另一个是需求。

需求是指消费者在一定时期内，愿意在一定的价格条件下，购买自己所需要的商品。需求不是自然和主观的愿望，而是有效的需要。它包括两个条件：消费者的购买欲望及购买能力。

在把梳子卖给和尚的案例中我们可以看出，消费者的购买欲望是会受到外在因素影响的，也就是说，如果小李、小王都能像小张那样懂得推销之道，或许卖出去的梳子不是10把或100把。但也会受到购买能力的影响，因为小李去的只是一座小庙，小庙的购买能力不强，而小张去的则是一座深山宝刹。

供给是指生产者在一定时期内，在各种可能的价格下，愿意并可能为市场提供某种商品或服务的数量。供给也指有效供给，必须满足两个条件：生产者有出售的意愿并有供应的能力。

无论是需求还是供给，除他们自身的意愿及能力外，还受到一个条件的影响，那就是商品的价格。商品的价格越高，需求量自然就会越低；而供给量越多，价格自然就会越低。

▶知识链接

需求法则是微观经济学中一个重要的法则，即在一般情况下，需求与价格成反比，价格越高，需求量越小；价格下降，需求量上升。

由于需求量随价格上升而减少，随价格下降而增加，我们说，需求量与价格呈负相关。价格与需求量之间的这种关系对经济学中的大部分商品都是适用的，而且，实际上这种关系如此普遍，经济学家称之为需求法则。

在其他条件相同时，一种物品价格上升，该物品需求量就会减少。但在少数情况下会出现相反的情形，即价格越高，需求量越大；价格越低，需求量反而越小。这种情况通常发生于社会上具有象征意义的奢侈物品上，如钻石、古董等，它们常常会因为价格的提高，需求量反而增加。

需求曲线是指表示商品价格与商品需求数量之间的函数关系的曲线。它表明在其他情况不变时，消费者在一定时期内在各种可能的价格下，愿意而且能够购买该产品的数量。

供给的价格弹性，在概念上与需求的价格弹性相似，只不过它衡量的是供给对价格变动的反映，更精确地说，供给的价格弹性是供给量变化的百分比除以价格变动的百分比。供给弹性在完全竞争条件下最为有用。

杨振宁选择理论物理的秘密 —— 比较优势

著名物理学家杨振宁的名字，一直与"中国诺贝尔奖第一人"的信息同印在人们的脑海里。

1954年杨振宁提出的规范场理论，后来发展成统合与了解基本粒子的强相互作用力、弱相互作用力、电磁相互作用力这三种相互作用力的基础。由于这一理论为理论物理的发展做出了巨大贡献，杨振宁一直深受国际学者钦佩。

但是，理论物理研究成果卓著的杨振宁，在芝加哥大学做实验物理研究时，工作却并不顺利，"哪里有爆炸，哪里就有杨振宁"的笑话几乎传遍了整个校园。缺乏动手能力几乎成了他的死穴。

面对自己在研究工作上的"瓶颈"，杨振宁这位曾经的神童、人们眼中的天才，在苦恼中对自己在物理研究上的优势与弱项进行了一番深入的分析。最后，他豁然开朗了。

杨振宁意识到，虽然自己在严格要求动手能力的实验物理方面没有太大优势，但在理论物理研究方面，凭借自己从小受父亲熏陶、培养而打下的坚实数学基础，如果能对构成物理学理论架构的一系列问题逐步展开研究，还是会找到突破口，最终取得一定成绩的。比较之后，他觉得自己在理论物理的研究上优势更明显。

后来，在导师特勒的建议下，明确了自身优势的杨振宁转攻理论物理学。1957年因研究成果显著，杨振宁获得了诺贝尔物理学奖。

我们都听过"田忌赛马"的故事。田忌手里的马，无论上、中、下哪一个等级，质量都要劣于齐王的马。

但田忌选择了这样的排列方式：用完全没有优势的下等马对抗齐王完全有优势的上等马，再用上等马、中等马对抗齐王的中等马、下等马，最终取得了比赛胜利。很显然，在这场比赛中，田忌占有了比较优势。

对于杨振宁，从事理论物理研究才更具比较优势。经过理性分析，杨振宁选择了能够将自己的比较优势充分发挥出来的理论物理研究，他最终获得了巨大的成功。

比较优势理论是大卫·李嘉图在《政治经济学及赋税原理》中提出的。该理论认为，国际贸易的基础是生产技术的相对差别而非绝对差别，以及由此产生的相对成本的差别。

"两利相权取其重，两弊相权取其轻。"每个国家都应根据这个原则，集中生产并出口其具有"比较优势"的产品，进口其具有"比较劣势"的产品。

国家在比较优势上是如此，推及每一个单位和个人，亦是如此。这里有一个小故事可以让我们理解起来更轻松。

据说比尔·盖茨非常喜欢打扫自己的花园，但最终他还是把这件事交给一个高中生来处理了。比尔·盖茨的说法是，假设每天他能编写100条程序或者打扫100平方米后花园，而高中生每天能编写1条程序或者打扫50平方米后花园。虽然看上去自己在打扫后花园上与高中生相比占有绝对优势，但他的比较优势还是在编写程序上，最后他决定花几美元让高中生帮忙打扫后花园。

当每个人都能够专门从事自己最擅长的事情时，生产就会变得更加有效率，从而整个社会的可创造物质财富总量与其整体经济福利便会有所增加，这也从侧面体现了"天生我材必有用"的道理。

比如，在一个企业中，你比我善于管理，那么你在管理方面占有绝对优势，你就应该坐在办公室里负责管理性工作。但是，从比较优势来讲，我的动手能力是无人可比的。

在这种情况下，只能是由你来负责管理，我来负责动手性的事务。所以在企业中，你的比较优势是管理能力，而我的比较优势是动手能力，我们的分工合作是建立在比较优势的基础上的，而不是建立在绝对优势的基础上。

▷ 知识链接

绝对优势理论，又称绝对成本说、地域分工说，是英国古典经济学派代表人之一——亚当·斯密提出的。

当两个国家生产两种商品，使用同一种生产要素——劳动，如果刚好A国家在一种商品上的劳动生产率较高，B国家在这种商品上的劳动生产率较低，则A国该商品生产上具有绝对优势。两国按各自的绝对优势进行专业生产分工并参与贸易，则两国都能从贸易中得到利益。这种贸易利益来自专业化分工促进劳动生产率的提高。

绝对成本，是指某两个国家之间生产某种产品的劳动成本的绝对差异，即一个国家所耗费的劳动成本绝对低于另一个国家。

她为什么要"东食西宿"——机会成本

"东食西宿"这个成语很多人都不陌生。

春秋战国时期,齐国有一户人家的女儿长得十分漂亮,前来求婚的人几乎踏破了门槛,但女孩始终不满意。几个春秋过去了,眼看女孩就要错过婚嫁的最佳年龄,父母十分着急。这一天,又有两家男子同时前来求婚。谁知,躲在帘后观察的女儿竟在二老与来客短暂地寒暄之后,同时对两家男子产生了好感。

了解了女儿的意愿,二老一时间陷入了两难之中。该如何选择呢?东家的男子长得丑,但十分富有;西家的男子是个英俊后生,但家里过得很潦倒,选择哪个都会有损失啊!

还是让女儿自己定夺吧!于是,二老告诉女儿,女儿更中意哪个,如果不便明说,就以袒露一只胳膊的方式,让他们知道她的意思。

想了一会儿,女孩同时袒露出两只胳膊。父母感到很奇怪,问其原因,女儿说:"我想在东家吃饭,在西家住宿。"

世上没有东食西宿这样的好事,但人类的欲望永远都是无穷无尽的,任何事情都不可能两全其美。因而,想要得到好的东西,想要追求完美,努力和选择的作用不容忽视。

有得必有失。就像成语故事中的齐国女子一样，在自身资源有限的情况下，人必须要学会舍弃。但做出选择并不是一件容易的事情。"鱼和熊掌不可兼得"，选择吃鱼自然就不能同时拥有熊掌，这个时候，熊掌就构成了选择吃鱼的机会成本。任何选择行为都要付出机会成本，经济学家说的"天下没有免费的午餐"，就是这个道理。

机会成本，是指做出一个选择后所丧失的不做该选择而可能获得的最大利益。也就是说，为了得到一种东西而必须放弃另一种东西。在成语故事中，齐国女子之所以不能做出决策，原因就在于无论选择哪位男子都势必造成个人利益的损失。

当一个厂商决定生产一辆汽车时，这就意味着该厂商不可能再用生产汽车的经济资源来生产20辆自行车。于是便可以说，生产一辆汽车的机会成本是20辆自行车。如果用货币数量来替代对实物商品数量的表述，且假定20辆自行车的价值为10万元，则可以说，一辆汽车的机会成本是价值为10万元的其他商品。

晚上有朋友请你吃大餐，为此你不得不推掉一个可以挣100元的临时演员的机会，那么100元就是你吃大餐的机会成本。

人们无时无刻不在进行选择：是吃面包还是吃料理；是买短款的衣服还是买长款的衣服；是继续工作还是先去吃饭；是回家过年还是出去旅游……当去听音乐和去看电影对自己同样有吸引力，且难以决定时，很多人都选择抛硬币来决定……

有人说，人生最难的不是去争取，而是选择性地放弃。的确，当面对重大决策时，因为我们在心底从来不愿轻易放弃任何可能得到的东西，所以机会成本越高，我们的选择就越困难。

▶ 知识链接

会计成本，是指会计记录在公司账册上的客观的和有形的支出，包括生产、销售过程中发生的原料、动力、工资、租金、广告、利息、土地和房屋的租金、折旧等支出。值得注意的是，会计成本是显性成本，它可以用货币计量，是可以在会计账目上反映出来的。

隐性成本是一种隐藏于企业总成本之中、游离于财务审计监督之外的成本，是由于企业或员工的行为而有意或者无意造成的具有一定隐蔽性的将来成本和转移成本，是成本的将来时态和转嫁的成本形态的总和，如管理层决策失误带来的巨额成本增加，领导的权威失灵造成的上下不一致、信息和指令失真、效率低下等。相对于显性成本来说，这些成本隐蔽性大，难以避免、不易量化。

小偷也懂经济学 —— 成本效益

这是一个与两个小偷有关的故事。

小偷甲是个偷自行车手到擒来的惯犯。每天傍晚他都会借助散步的机会，仔细观察附近自行车车库的情况，然后准备好工具，为夜间盗车做准备。就这样，很多个晚上，他都凭借一双手和一把扳子，将一辆辆崭新的自行车轻而易举地窃为己有，再在风声不紧的时候将手中的车及时卖掉。时间久了，他也小攒了一笔财富。由于技巧娴熟，他从没失过手。

与小偷甲不同的是，同为惯犯的小偷乙专门偷盗珠宝。每次作案前，小偷乙都会做好充足的准备，同时他会做出最坏的打算，和妻子儿女道别，因为珠宝价格高昂，偷盗珠宝要承担很大风险，稍有疏忽就很难逃脱法律的制裁。每得手一次，小偷乙和全家都会过上一段足不出户的日子。

惯偷终究无法逃脱法网。小偷甲和小偷乙在嚣张了一阵后，终于被警方抓捕。最后，两人都被判了刑。

凡事都讲求"相对"，若将偷自行车和偷珠宝放在一起比较，偷自行车是件小事，虽然这种行为早已被视为一种公害，却算不上什么新闻；而偷窃珠宝却能成为媒体播报的重大新闻。在这里，两个小偷的故事可以帮助我们理解成本效益这一经济学概念。

包括小偷在内，任何人做事都会想一想是否划算。这里的是否划算在经济学上讲就是比较一下收益和成本，也就是对成本效益进行分析。

成本效益分析就是将投资中可能发生的成本与效益归纳起来，利用数量分析的方法来计算成本和效益的比值，从而判断该投资项目是否可行。成本效益是一个矛盾的统一体，二者互为条件，相伴共存，又互相矛盾，此增彼减。

在故事中，小偷乙偷盗珠宝的收益远比小偷甲偷自行车的收益高，但乙的成本同样要比甲高很多。在戒备森严的商场中作案，被抓捕的可能性很大，一旦失手，受到的处罚也更重。纵然是行动十分顺利，一个珠宝店被偷了，各执法部门一定会加大案件的侦破力度，因而作案者被抓的可能性还是很大。

同理，偷自行车的甲虽然偷盗的收益较偷珠宝的乙小，但成本也要比乙小很多。自行车的防盗性能差，甲几乎不需要什么作案工具，在工具上的投入成本几乎为零。如此，甲有很多可以作案的机会，失手率要低很多。即使被抓，偷自行车的处罚也要比偷珠宝的处罚轻。在这样的情况下，小偷们经过对成本的分析和对比，一般都会像甲一样选择偷自行车，而不会轻易选择像乙那样去偷珠宝。

此外，事物的发展规律决定了任何事物都存在着成本效益。就成本而言，一般可分为直接、有形的成本以及间接、无形的成本两个层面；就效益而言，则包含直接、有形的效益和间接、无形的效益两类。

▶知识链接

成本是指企业为生产产品、提供劳务而发生的各种耗费，简言之就是指取得资产或劳务的支出。成本由产品成本和期间成本构成，它们都是生产经营的耗费，都必须从营业收入中减除，但减除时间不同。

产品成本是指可计入存货价值的成本，期间成本是指不计入产品成本的生产经营成本，直接从当期收入中减除，包括减除产品成本以外的一切生产经营成本。

第三章

牛奶可乐经济学
——妙趣横生的经济学现象

女人的衣服扣子在左边，而男人的在右边 —— 习惯经济

为什么女人的上衣衣扣在左边，男人的在右边？如果你是个善于发现的人，对这个问题，你肯定早有察觉。当然，如果你现在才意识到，不妨俯下头看看自己的衣服。女士上衣的扣子都在左边，男士上衣的扣子都在右边。为什么会这样呢？这还要从男女服装的发展史说起。

17世纪，扣子最初问世的时候，只有有钱人的外套上才钉扣子。按当时的风俗，男士自己穿衣服，女士则由仆人帮着穿。女士衬衣上的扣子钉在左边，极大地方便了伺候女主人的仆人们。男士衬衣的扣子在右边，不仅是因为大多数男人是自己穿衣服，还因为这样设计的话，他们在用右手拔出挂在腰间左侧的剑时，不容易被衬衫兜住……

如今，为什么女装扣子依然留在左边呢？原来，规范一经确立，就很难改变。既然所有女装的扣子都在左边，成衣商提供扣子在右边的女士衣服，就很冒险。于是，习惯便成了人们不愿改变的"约定俗成"。

女人的衣服扣子在左边，男人的衣服扣子却在右边；打开冰箱时，冷藏柜会亮，冷冻柜却不会亮；笔记本电脑能在任何国家的供电标准下运作，其他大部分电器却不能；易拉罐不能做得矮一点、胖一点……仔

细观察，每个人都会发现我们生活中的许多处于惯常态的东西。

所以，当我们看到稍有变动的东西时，我们会在感到惊异的同时，用一段时间去适应新事物。久而久之，这种态度和处理方式，似乎早已成了我们对待非常规事物的一贯原则。

我们的思想对生活种种的反映为什么会是这样的呢？这就涉及"习惯经济"的概念。

习惯经济是指日常生活中，经过一段时间，人们在无意识中形成的一种对待事或物的惯常的态度，以及对这些事物的接受程度和对商品生产、交易等经济活动的影响。因为人们接受非习惯性的事物需要一定的条件和时间。

因此，经济活动中的生产者为了保证自身在一定范围内的经济效益，就必须把消费者习惯考虑在产品设计中。一旦所提供给消费者的商品有悖于消费者的日常习惯，则需使用消费者能够接受和慢慢适应的方式，让消费者习惯新的产品模式。

在现实生活中，理解习惯经济的概念，可以在一定程度上保证产品供与求之间的协调关系。比如，在前面的故事中，因为从17世纪纽扣出现之后，女士上衣的扣子就在左侧，男士上衣的扣子就在右侧，在传承与沿袭中，人们已经逐渐适应了这种模式，不愿或不习惯改变。

所以，作为服装的制作商，他们宁愿中规中矩地生产大众普遍认可的服装模式。或许标新立异地将扣子位置改变可以为其生产的服装加入更多创新元素，但制作商更加明白，大众市场才是保证其经济效益的重中之重。

同样，抓住人们消费时的习惯心理也是盈利的重要手段之一。在护肤品或化妆品柜台前，许多产品促销活动都会抓住女士在购买产品之前想提前试用、感受一下产品效果的习惯心理，专门为顾客准备了试用产品。于是，许多产品均在试用后被顾客接受。

类似的还有超市中的试吃、娱乐会馆中的试玩等活动，其出发点，均源自对习惯经济的考虑。

▶知识链接

甲流经济，甲流的全称为甲型H1N1流感。这一病毒的出现，造成了人们疯狂的举动，无论吃、穿、用、度，只要是和抗甲流沾边的，都无一例外地遭到了人们的"爆炒"，于是人们便把这一疯狂的行为戏称为"甲流经济"。

牛奶装在方盒子里，可乐却装在圆瓶子里——固定成本

如果你足够细心，你会注意到超市里一个非常有意思的现象：几乎所有的软饮料，不管是采用的玻璃瓶还是铝罐子，瓶体都是圆柱形的，可牛奶却似乎都是用方盒子装的。为什么牛奶装在方盒子里，而其他饮料，比如可乐却装在圆瓶子里呢？

据有人分析说，可乐等软饮料和酱油、啤酒等液体产品，用圆形瓶装不易损坏，因为圆形瓶子的内压小，较之方形容器也不容易变形，所以就被沿用下来。而需要保鲜的牛奶，若用圆形的玻璃瓶子或铝罐子盛放，则无法长期保存，一般一两天，最多一周就会变质，给人们带来了极大的不便。后来，为延长牛奶的保鲜期，一种新的包装之举——利乐装产生，一下子解决了牛奶的盛放问题，从而被广泛应用。

还有人说，在一项调查中，消费者们普遍认为，直接饮用的可乐等软饮料，用圆柱形容器盛放，使用起来更加顺手，也方便携带。而牛奶等饮品不会被人们直接用盒子饮用，大多会倒在杯子里饮用的饮料，大可不必放在坚硬的圆瓶子里。

牛奶装在方盒子里，而可乐却盛放在圆瓶子里。针对这一现象，不

管是从圆形容器和方形容器的特性上来分析，还是从消费者的接受度、认可度来看，人们的上述说法都非常有道理。但是，如果从经济学角度进行一番深入的分析，则我们的视角又将开阔许多。

固定成本，又称固定费用，相对于变动成本，是指成本总额在一定时期和一定业务量范围内，不受业务量增减变动影响而能保持不变的成本。其特征在于它在一定时间范围和业务量范围内的总额维持不变，但是，相对于单位业务量而言，单位业务量所分摊（负担）的固定成本与业务量的增减呈反向变动。通常可区分为约束性固定成本和酌量性固定成本。

固定成本总额只有在一定时期和一定业务量范围内才是固定的，这就是说，固定成本的固定性是有条件的。这里所说的一定范围叫作相关范围。如果业务量的变动超过这个范围，固定成本就会发生变动。

在选择用什么样的容器来装可乐或牛奶的问题上，生产者或者一个企业不仅需要考虑使用的方便性，还要在一定程度上考虑是否符合成本效益的原则。

我们在不同的写字楼中乘坐电梯时经常会发现，有的电梯生产商会在电梯按键上专门为盲人打造盲文。生产商之所以会这么做，是因为生产这种电梯的成本，对于其能获得的预期收益来说是微小的。生产商付出一点微不可计的成本，就能收获美名，树立良好的企业形象。

这个例子说明，一般情况下，除非为产品增加新功能所带来的产品价值也就是收益大于其成本，否则，生产商并没有给产品增加新功能的动力。

几乎所有实例都表明，产品设计既要包含最符合消费者心意的功能，又要满足卖方保持低价、便于竞争的需求。也就是说，产品设计必须在两者之间实现平衡。

我们据此从经济学的视角解释一下为什么盛放牛奶和可乐的瓶子形状不同。通常，圆形瓶子被认为是一种比较科学、省料、容易制造又不易损坏的包装。

因此，可乐等软饮料盛放在圆形瓶子里，可以在为生产商节约许多固定费用的同时，增加更多收益。同理，用方形盒子盛放牛奶等需要保鲜的液体，可以为生产商缓解因保鲜处理不当而带来的麻烦和损失，也是减少其固定成本的一种方式。

此外，在超市里，圆形瓶子中的软饮料大都是放在价格便宜的开放式货架上，所以其运营成本低到几乎为零。但牛奶等需要保鲜的饮料则需要被放置在专门的冰柜里，保持冷藏的状态。这样，牛奶的运营成本就会很高。方形瓶子的设计恰好可以节约冰柜或冰箱的空间。商品占据的空间小了，可容纳的数量就会增多，这样在一定程度上减少了运营成本。如此说来，无论是圆形瓶子还是方形盒子，只要运用得恰到好处，就会十分合理。

由此可见，在使用方形盒子还是圆形瓶子的问题上，生产商将节约成本以及为消费者提供便利和实惠的问题考虑得十分到位。如此，饮料生产商在固定成本投入较少的情况下，获得了最大收益。

▶ 知识链接

战略成本管理主要是通过挖掘企业的隐性成本，将成本信息的分析和利用贯穿于战略管理，为每一个关键步骤提供战略性成本信息，自始至终地取得成本优势，从而形成企业的竞争优势，提高核心竞争力，领先于对手。战略成本管理强调的是知己知彼，揭示企业同竞争对手相比的相对成本地位，并寻求成本持续降低的途径。也可以说是为了获得和保持企业持久竞争优势而进行的成本管理。

企业进行战略管理的主要目的是求得在持续发展中的增长和回报这两个关键。也就是所谓的"向管理要效益"。作为战略管理的一个重要组成部分，战略成本管理已经替代传统的成本管理，成为企业加强成本管理、取得竞争优势的有力武器。

为什么有些餐厅为饮料提供免费续杯服务——边际成本

王先生在市中心的商业街开了一家中餐馆,由于处于闹市区,人来人往的行人特别多,很多人都愿意在这里吃饭就餐。但因为餐馆周围还有几家同类型的餐馆一同竞争,所以王先生餐馆的生意算不上红火,但也还凑合。

为了增加客流量,王先生可谓是想尽了办法。最开始,为了吸引顾客,王先生不断让厨师推出新菜,以适应不同顾客的不同需求。

此外,他还搞过很多促销活动,比如一次性消费满50元的顾客可以减免几元钱,他想通过这些手段来使自己的生意变得红火起来。但是这些方法在短时间内能起到一定的作用,时间久了,顾客厌倦了,生意就又慢慢淡了下来。这种办法并不奏效。

后来他想到了一个主意:他意识到,大部分餐馆的饮料与米饭或者汤之类的饮品或食物,都是不能免费添加的,如果改变这一传统,能为顾客免费续杯或者免费增加米饭、汤之类的食物,那么顾客感觉得到了优惠,肯定会再次光临他的餐馆的。

像饮料、米饭等东西,成本都不算高,如果投入了这样低的成本能换来营业额这种高的收益,也算是有所得。

于是王先生便采用了这种办法，将"免费续杯、免费增加米饭"的条幅贴到了门口，结果引起了强烈反响，很多顾客看到横幅便涌进他的餐馆里用餐，一时间餐馆的生意红火起来，很多店面的老板也竞相模仿起他的这种做法。

上面的小故事涉及经济学中一个十分常见的名词——边际成本。

边际成本指的是每一单位新增生产的产品（或者购买的产品）带来的总成本的增量。这个概念表明每一单位的产品的成本与总产品量有关。

比如，仅生产一辆汽车的成本是极其巨大的，而生产第101辆汽车的成本就低得多，生产第10000辆汽车的成本就更低了（这是因为规模经济）。

但是，考虑到机会成本，随着生产量的增加，边际成本可能会增加。还是这个例子，生产一辆新的车时，所用的材料可能有更好的用处，所以要尽量用最少的材料生产出最多的车，这样才能提高边际收益。

让我们来具体分析一下王先生开餐馆的事例，看看边际成本这一经济学知识是如何体现在其中的。如果具有相同特色的两家餐馆，一家门外贴着"免费续杯"的横幅，而另一家则什么都不贴，相信大部分的顾客还是会去贴着横幅的那家餐馆就餐。在该餐馆享受到了免费续杯服务的就餐者，会觉得做了一笔划算的交易。随着口碑流传开来，该餐馆老板很快会发现，自己的顾客比从前多得多。

虽然续杯服务会增加一定成本，但这部分成本相当低。但为什么餐馆会想要提供免费续杯服务呢？从餐馆的角度来看，这种做法的存在，与竞争的逻辑完全互相矛盾。

所以说，了解边际成本对于提高企业的竞争能力具有非常重要的作用。这样不仅能吸引更多的顾客前来购买商品，也能对自己的盈利起到非常重要的作用。

▶ 知识链接

边际成本和单位平均成本是有差别的，单位平均成本考虑了全部的产品，而边际成本忽略了最后一个产品之前的产品成本。例如，每辆汽车的平均成本包括生产第一辆车的很高的固定成本（在每辆车上进行分配）。而边际成本根本不考虑固定成本。

边际成本法是管理会计的一种方法，用于计算企业在一定时期内产品或劳务的生产成本，对制成品和在产品、存货进行计价，计量企业获得的利润。在边际成本法下，企业所有的成本都要划分为固定成本和变动成本。

边际成本法，应该注意的是，以长期来看，没有什么成本是固定的，固定成本也不例外。长远来说都是变动成本，但边际成本法在计算成本时不承认这一点。

另外，边际成本法中计算的成本不包含固定成本，但是它忽略了产量上升后，每单位的总成本实际上会下降；反之则上升，因为固定成本总额与产量变动无关，所以每多生产出一件产品，固定成本会被分成更小的数目，使得每个单位的总成本会随之下降。

宁愿买贵的，也不会买对的 —— 吉芬商品

《影响力》是美国人罗伯特·西奥迪尼的代表作。在这本书中有一个与绿松石有关的故事。

有一个人在美国亚利桑那州一处非常有名的旅游胜地开了一家出售印第安饰品的珠宝店。这一年，在旅游旺季，珠宝店的生意十分兴隆，各种价格昂贵的宝石首饰都卖得很好，老板十分高兴。但持续了一段时间过后，老板发现，在众多饰品中，唯独价格低廉、光泽莹润的绿松石总是无人问津。为此，他十分苦恼。

在尝试了诸如把绿松石摆在最明显的地方、让店员进行强力推销等方法无果后，为了尽快将其脱手，老板只好做出亏本处理掉这批绿松石的决定。在外出进货之前，他很无奈地给店员留下了一张纸条："所有绿松石珠宝，价格乘以二分之一。"

巧合就这样发生了。收到纸条的店员，匆忙看过纸条后便将绿松石饰品的价格全部提高。自此之后，绿松石便成了这家珠宝店的招牌货。当老板进货回来，得知绿松石的售卖情况后，他才明白，正是店员将"乘以二分之一"看成"乘以二"的失误，成就了绿松石的走俏。

我们都知道正常的供求规律，是当一种商品的价格上升，其需求量便会随之下降。但在前面有关绿松石的故事中，我们看到，虽然绿松石的价格明显贵出了一倍，却在短时间内被销售一空。这是什么原因呢？这里，我们根据这种特殊的供求关系，引入一个新的概念——吉芬商品，即随价格上升，需求量也上升的商品。

吉芬商品的概念源于爱尔兰学者罗伯特·吉芬观察到的一个现象。

1845年，爱尔兰爆发了一场大灾荒。在这场灾荒中，尽管人们日常食用的土豆价格一路狂飙，人们对土豆的消费热情却始终有增无减，一时造成了"越买越高"的局势。分析其原因，在闹饥荒这种特殊时期，当一切生活必需品的价格都上升了，人们的收入却越来越少时，相对便宜的土豆便成了人们首选的食品。于是，人们对土豆的需求量的增加，导致土豆的价格比其他食品的价格增长更快。后来，人们为纪念吉芬，就把他发现的这种价格升高而需求量也随之增加的经济现象叫作吉芬现象。

在日常生活中，吉芬现象常见于股票市场。当某一只股票价格上涨的时候，很多人都会将目光聚焦在这只股票上，并疯狂抢购。相反，当一只股票的价格不断下跌的时候，购买的人也随之减少，即使是拥有这只股票的人，也会想办法尽快将股票抛出。人们都有最大限度获利的心理，于是股票价格越高人们越买，因为股票价格升高，人们才有利可图。

有人说，天底下到处都是吉芬商品和吉芬现象。比如，在北京，近几年很多人买房都选在郊区的地铁沿线。虽然住在郊区，环境和交通的便利程度都不如住在城区，但人们在购房的经济压力上会小很多。于是，当越来越多的人都涌入郊区购房时，郊区的房价也随之被抬高。尽管如此，因为郊区的房价相对城区而言还是比较便宜，所以不管房价怎么上涨，人们仍然普遍都选择在郊区购房。

在特定的环境条件下，吉芬现象总是会以不同的形式出现。经济学家认为，吉芬现象是市场经济中的一种反常现象，是需求规律中的例外，但也是一种客观存在的现象，是人们无法回避的。

就像爱尔兰人在灾荒中，为了维持生存迫不得已选择始终购买涨价的土豆一样，在非常时期，人们"价格越高越买"的行为更多是出于一种恐惧心理，害怕商品以后的价格会涨得更高，而个别商家，正是利用了人们这种心理恐慌来哄抬物价。比如"非典"时期的物价上涨、日本核泄漏事件发生后人心惶惶的食用盐涨价等。

当然，常常被商家利用的，还有人们的虚荣心。在绿松石的故事中，作为装饰品，人们为了显示自己的身价、彰显自身的身份地位，自发形成了"越高越买"的局势。

▶ **知识链接**

正常商品，指需求量随消费者的实际收入上升而增加的商品。

低档商品，指需求量随消费者的实际收入上升而减少的商品。

随着自身经济能力的增强，人们在消费商品的档次上的要求就会越来越高。据此，我们把商品分为正常商品和低档商品两种类型。对前者的消费会随人们收入的增加而增加，对后者的消费则恰恰相反。

甘地为什么要扔掉另一只鞋 —— 沉没成本

甘地在印度有"圣雄"之称。一次,"圣雄"甘地乘坐火车出行,因为碰巧在车站遇到一个熟人,多聊了几句,直到火车要启动的时候,甘地才匆匆跨进车门。不巧的是,火车启动时,他的一只鞋子被车门夹了一下,不慎掉到了车外。这一幕让旁边的人都感觉很尴尬,甚至有点不知所措。就在这时,甘地麻利地脱下了另一只鞋子,朝第一只鞋子掉下的方向扔去。这一举动令在场的人十分震惊。这时,旁边一个好奇心很强的人问他为何这样做,甘地说:"如果一个穷人正好从铁路旁经过,他就可以拾到一双鞋了。"

已经失去的鞋子既然对自己毫无意义可言,所幸大方地把另一只鞋也扔下去,让拾到鞋的人继续去发挥鞋的价值。在自己失去一样很有用处的东西时,考虑到这样东西让别人得到一样有益,这样豁达、幽默、坦然的处事态度让甘地成了令人敬佩的人,他的人格魅力也在这一细节中展现得淋漓尽致。

对于甘地而言,掉落的鞋子不可能再找回,于是鞋子便成了他的沉没成本。但他以博大的胸襟坦然面对自己的"失",将另一只鞋也扔到窗外，以成全捡到鞋子的人，让自己的沉没成本造福他人，这样的气度怎能不令人佩服呢？

沉没成本是指由于过去的决策已经发生了的，而不能由现在或将来的任何决策改变的成本。人们在决定是否去做一件事情的时候，不仅会考虑这件事对自己有没有好处，而且会考虑过去是不是已经在这件事情上有过投入。我们把这些已经发生且不可收回的支出，如时间、金钱、精力等称为"沉没成本"。

作为经济学中的一个概念，沉没成本常用来和可变成本做比较，可变成本可以被改变，而沉没成本则不能被改变。在这里，沉没成本有"不可收回"的概念。

其实，"覆水难收"就是一种沉没成本。比如，正月初一，你和爱人买了一张花会的游园门票，已经付了钱而且不能再退。但是转了一圈之后觉得很没意思，此时你付的钱已经不能收回，游园门票的价钱就是沉没成本。

沉没成本的例子在我们身边可以说比比皆是。有这样一个例子可以帮助我们进一步理解沉没成本的深刻含义。

有一个老人特别喜欢收集古董，一旦碰到心爱的古董，无论花费多少钱都要想方设法买下来。有一天，他在古董市场花了很高的价钱，买了一件向往已久的古代瓷瓶。他兴高采烈地把这个宝贝绑在自行车后座上便骑起车，飞快地往家赶。不幸的是，由于绑带松动，在回家的路上，只听一声脆响，瓷瓶便从自行车后座上滑落下来，摔得粉碎。但是，听到声响，老人头也没回，依然淡定地骑着车向前走。

这时，路边的热心人忍不住对他大声喊道："老人家，您的瓷瓶摔碎了！"老人仍然是头也不回地说："摔碎了吗？听声音一定是摔得粉碎，无可挽回了！"老人的背影很快便消失在茫茫人海中……

当然，有时候沉没成本只是价格的一部分。比如说你买了一台彩电，使用了几天后，就以低价在二手市场卖出。此时原价和你的卖出价之间的差价就是沉没成本。在这种情况下，沉没成本随时间而改变，一般来说，那台彩电的使用时间越长，你的卖出价就越低。

▷ **知识链接**

关于生产经营中的沉没成本，一般来说，资产的流动性、通用性、兼容性越强，其沉没的部分就越少。固定资产、研究开发、专用性资产等都是容易沉没的成本，分工和专业化也往往与一定的沉没成本相对应。此外，资产的沉没性也具有时间性，会随着时间的推移而不断转化。以具有一定通用性的固定资产为例，在尚未使用或折旧期限之后弃用，可能只有很少一部分会成为沉没成本，而中途弃用沉没的程度则会较高。

财主为什么成为秃头 —— 市场失灵

这里有一则寓言故事。

从前有个财主娶了一妻一妾。妻温柔贤惠，但比财主年纪大；妾美丽多情，比财主年轻许多。有一妻一妾相伴，财主觉得很幸福。但是，由于年龄的差距，无论是妻还是妾，在与财主在一起时，都令人觉得两人很不般配。

首先是妻，尽管妻做出了很多努力，但她始终觉得与财主在一起的时候，自己要显得比财主更老一些，甚至总会给人一种老妻少夫的感觉。冥思苦想，她终于想出了一个好办法：每天把财主头上的黑发拔一点下去，只要他头上的黑发减少，自然就显得年老一些了，这样或许两人会显得更般配……

由于比财主年轻太多，与财主在一起生活久了，妾也觉得很不自在。每次和财主在一起，看上去都感觉像父女俩。想了很久，最后她终于想出了一个让自己满意的主意：每天把财主头上的白发拔去一点儿不就好了吗？财主头上的白发少了，一定能显得年轻许多。

于是，一妻一妾都开始了自己的行动。财主在妾那里，妾就给他拔白头发；财主在妻那里，妻就给他拔黑头发。没过多久，财主便成了秃头……

妻和妾，一人拔黑头发，另一人拔白头发，她们拔头发的动机都是为了与财主在一起看上去更般配，但最后却出现了她们都不愿接受的结果。可以说，不管是妻还是妾，她们的利己性直接造成了财主秃头的结局。

市场失灵作为经济学中一个重要的概念，是指市场本身不能有效配置资源的情况，或者说市场机制的某种障碍造成配置失误或生产要素浪费性使用。古典经济学家认为，每个人从利己的目的出发，就能达到市场优化的效果。但事实证明，如果人人利己、放任自流，也会造成市场失灵的悲剧。

在寓言故事中，财主自身的条件没有满足妻和妾的"般配需求"，这是出现秃头结局的诱因，而一妻一妾出于自身目的而为财主拔头发的行为则是造成秃头的直接原因。

市场是一种实现资源配置的好办法，市场经济比计划经济更有效率。但市场机制不是万能的，它不可能有效地调节人们经济生活的所有领域，此时就出现了市场失灵。

造成市场失灵的原因有很多，突出表现在以下几个方面：

（1）收入与财富分配不公。市场机制遵循资本与效率原则，使得收入与财富越来越向富人集中，而另外一些人更趋于贫困，造成了收入与财富分配的进一步拉大。

（2）外部负效应。外部负效应是指某一主体在进行生产和消费活动的过程中，对其他主体造成了损害。

（3）市场垄断的形成。一般来说，竞争是在与同一市场中的同类产品或可替代产品之间展开的。但一方面，由于分工的发展使产品之间的差异不断拉大，资本规模的扩大和交易成本的增加，阻碍了资本的自由转移和自由竞争。另一方面，由于市场垄断的出现，减弱了竞争的程度，使竞争的作用减小。

（4）非对称信息。由于经济活动的参与人了解的信息是不同的，一些人可以利用信息优势进行欺诈，这会损害正当的交易。当人们对受到欺诈的担心严重影响交易活动时，市场的作用就会丧失，市场配置资源的功能也就失灵了。此时市场不能完全自行解决问题，为了保证市场的正常运转，政府需要制定一些法规来制止和约束欺诈行为。

市场失灵所造成的破坏作用是巨大的，甚至会引起经济危机。如1929—1932年大危机就是一次典型的市场失灵。1933年，整个资本主义世界工业生产下降40%，各国工业产量倒退到19世纪末的水平，资本主义世界贸易总额减少了三分之二，美、德、法、英共有29万家企业破产。资本主义世界的失业工人超过3000万人，美国的失业人口超过1700万。

由于市场失灵的存在，要优化资源配置，必须由政府进行干预。正因为市场会失灵，才需要政府的干预或调节。市场规律和政府调控相结合，才能有效遏制市场失灵的现象。

▶知识链接

市场经济就是指通过市场机制来实现资源优化配置的一种经济运行方式。

计划经济又称指令型经济，是对生产、资源分配以及产品消费事先进行计划的经济体制。顾名思义就是有规划、有计划地发展经济，从而避免了市场经济发展的盲目性、不确定性等问题给社会经济发展造成的危害，如重复建设、企业恶性竞争、工厂倒闭、工人失业、地域经济发展不平衡、产生社会经济危机等问题。

美丽应不应该收税 —— 美女经济

传说，古印度有个叫摩诃密的大财主，有七个女儿都生得一副如花似玉的美貌。女儿们的美丽让摩诃密感到非常自豪，因而每当有宾客来访，摩诃密都会让女儿们在宾客面前展示一番，这种炫耀让他觉得很快活。

一天，一名自称是裁缝的客人突然来访。他对财主摩诃密说："我听说您的几个女儿都有着绝代风华，但作为一名裁缝，我觉得她们还没有我做出的衣服漂亮。"听到这里，财主的内心不由得聚集出一团怒火。

"我们可以打个赌，我将为您的几位女儿制作出最漂亮的衣服，希望您能带她们来我的店里试穿。如果大家看过后都觉得您的女儿漂亮，那我甘愿输给您白银500两。"裁缝继续认真地对摩诃密说。

听了裁缝的话，摩诃密想：这肯定是赚钱的事情啊，我对自己的女儿有信心。于是他便答应了裁缝的赌约。

第二天，摩诃密带着女儿们来到了裁缝的店铺。在女儿们穿上裁缝制作的衣服那一瞬间，四周前来观看的人都被她们的美丽惊住了。在漂亮服装的装扮下，摩诃密的女儿显得异常美艳，随后，周围发出了啧啧的赞叹声。有的人赞叹女孩们的美貌，有的人赞叹裁缝的手艺，一时间人声鼎沸，不过，当提到哪个更胜一筹时，大家一致认为摩诃密的女儿们更漂亮。

得到了人们的肯定和500两白银，摩诃密非常高兴。奇怪的是，输了钱的裁缝也并不失落。

于是，疑惑不解的摩诃密便派人偷偷观察裁缝店的情况，结果发现，这次打赌之后，裁缝店里慕名前来的爱美的女子络绎不绝，人人都要裁缝为其量身定做衣装。裁缝所卖的衣服的价格也从打赌的那天开始，由1两白银变成了3两白银。

读过这个故事，我们不禁感叹裁缝的智慧。利用财主摩诃密的好胜心和虚荣心，裁缝巧借几位女孩的魅力，在吸引旁人注意力的同时，也打出了自己所制作的衣服的品牌，增加了销售的收益额……借助"时装秀"，裁缝在"美女效应"的推动下，快速进入了时装市场。围绕美女资源进行财富创造和分配的经济活动，裁缝很好地实践了"美女经济"。

美女经济即围绕美女资源所进行的财富创造和分配的经济活动。美女经济就是"眼球经济"，因为美女吸引的就是人们的注意力。

"美女效应"的例子有很多，《史记》中就有一段相关记载。

《凤求凰》的曲子让我们在有感于司马相如和卓文君绝美爱情的同时，也切实感受到了他们在夜奔之后，在"贫贱夫妻"生活中相濡以沫的真切情怀。

话说司马相如与卓文君连夜私奔到成都后，面临着窘迫的生活，二人决定把车马卖掉，到临邛开酒店，卓文君当街卖酒。凭借美貌，卓文君吸引了众多人前来买酒，二人的生活因为酒铺生意的兴旺而逐渐好转。

卓文君"当垆卖酒"，这是早在西汉时期便出现的"美女经济"效应的案例。因为貌美，卓文君在大庭广众下卖酒，才会吸引更多的人前来买酒，她和司马相如的生活状况才得以改善。

推古及今，卓文君的故事让人很快联想到现今流行的车模、售楼小姐、化妆品代言人、时装秀、内衣秀，都是借美女生财。由此看来，今天的"美女经济"似乎已成为一种时髦、普遍的商业经营活动。

当越来越多的前台招聘不断将应聘者的外貌标准提高，礼仪宣传工作为美女亮起绿灯时，毫无疑问，商家已将拥有天生丽质的美女形象视为一种弥足珍贵的资本，并将资本转化为价值，"美女经济"的市场依旧在不断拓展。

▶ **知识链接**

"眼球经济"也称为"注意力经济"，是依靠吸引公众的注意力获取经济收益的一种经济活动。注意力之所以重要，是由于注意力可以优化社会资源配置，也可以使厂商获得巨大利益。

女性生理期会影响购物欲望 —— 冲动型消费

你喜欢购物吗？你经常疯狂购物吗？《东南快报》曾刊载过一则关于女性购物"生理期"的新闻。

关于女性的生理周期与购物需求的关系，英国一位心理学家经研究发现，女性在月经周期的最后10天更容易产生购物冲动，而且所处的月经周期越靠后，她们购物超支的可能性越大，表现在花钱上也就是更不节制、更容易冲动。

科学家认为，女性月经周期内其体内荷尔蒙的变化容易引起诸如抑郁、压力感和生气等不良情绪。当她们感觉到非常有压力或沮丧的时候，选择购物是缓解情绪的一种有效方式。为了调节自己的情绪、让自己高兴，购物成了许多女性朋友的一种"情感上的习惯"。在购物的过程中，或许她们并不是因为需要而购买商品，而是在享受购物带来的兴奋感。

与此同时，不少女性一样会为冲动购物而感到懊恼和后悔。比如，有的人平时不习惯穿高跟鞋，但因为一时兴起，很可能头脑一热买下几款高跟鞋。但是，没过多久，当兴奋感消失，她就会因为这些新鞋不符合自己的穿着习惯而不愿再穿。

"我被购物冲动抓住，如果不买东西，我就会感觉焦虑，如同不能呼吸一般。这听起来很荒唐，但这种事每个月都在发生。"一位参与这项科学研究的女性这样说。

科学家说，如果女性朋友担心自己购物超支，她们应该避免在月经周期后期购物。

科学家的研究结果让女性朋友们可以更了解自己的购物习惯，与此同时，这一研究结果也给不少商家带来了出售产品的可乘之机。

在逛街的时候，我们总会遇到这种情况：看到一件小东西，突然间觉得自己好像很需要它，于是将其买下，但过后你却感觉这个东西于自己而言根本没用。这就是典型的冲动型消费。

冲动型消费是指在某种急切的购买心理的支配下，仅凭直观感觉与情绪就决定购买商品。在冲动型消费者身上，个人消费的情感因素超出认知与意志因素的制约，容易受到商品（特别是时尚潮流商品）的外观和广告宣传的影响。

实际上，冲动型消费就是一种感性消费。再理性的人也有感性的一面，因而，在消费过程中，我们每个人都有冲动型消费的倾向。一项统计表明，进入消费市场后，没有消费计划的人与有一定消费计划的人相比更容易冲动购物。而在冲动购物的商品类别上，男性更青睐高科技、新发明的产品，而女性则多集中在服装和鞋帽上。

在生活中，我们每个人每天都在扮演着经济人的角色，因此，养成良好的购物习惯，适当控制自己随性而升的购物冲动，尽量减少自己购物后的懊恼，对我们十分重要。

▶知识链接

冲动购买（非计划购买）是指顾客所购买的商品是来购物场所之前根本没有预定或意识到的商品。顾客的冲动购买决策是在进入购物场所之后才形成的。

冲动型消费的类型：

1. 纯冲动型。顾客事先完全无购买愿望，没有经过正常的消费决策过程，临时决定购买。购买时完全背离对商品和商标的正常选择，是一种突发性的行为，出于心理反应或情感冲动而一时兴起或心血来潮，或是图新奇、求变化。

2. 刺激冲动型。顾客在购物现场见到某种产品或某些广告宣传、营业推广，提示或激起顾客尚未满足的消费需求，从而引起其消费欲望决定购买，是购物现场刺激的结果。

3. 计划冲动型。顾客具有某种购买需求，但没有确定购买地点和时间。如得知某超市要让利销售，专门到该超市购物，但没有具体的购物清单，因而买便宜货是有计划的，买何种便宜货则是冲动的。

第四章

博弈论的诡计
——日常博弈一定要知道的经济学

为什么两个囚犯都愿意坐牢 —— 囚徒困境

在一宗盗窃杀人案的侦破过程中，警方抓捕了两个犯罪嫌疑人。但眼看结案时间临近，两个嫌疑人始终矢口否认杀过人。关于在两人住处发现的财物，他们一致供认说是发现有人被杀，然后顺手牵羊偷了东西。为了避免两人达成默契，结成攻守同盟，警方决定对他们进行单独审讯。只要两人中有一个人供认罪行，两个人的罪名就会得到证实。于是两个嫌疑人被关进了不同的牢房，一一等待提审。

审讯室里，警方分别对两位嫌疑人进行认罪动员，在这之前，警方还帮助两人理清了他们的处境和面临的选择：如果他们两人中有一人认罪，那么坦白者立即释放，另一人判 10 年有期徒刑；如果两人都坦白罪行，则他们将各判 5 年有期徒刑；如果两个人都拒绝坦白，由于警察缺乏证据，所以他们会被以偷盗罪论处，判处 1 年监禁。

处在这样的困境中，两名嫌疑人会做出怎样的选择呢？他们每个人都必然会考虑怎样才能将自己的刑期缩至最短的问题，但他们都不清楚对方会怎么选择。

如果自己认罪，对方抵赖，则自己将被释放；如果自己认罪，对方也认罪，则双方都会受到较低的惩罚。如此考虑，最终，两名嫌疑人都选择了认罪。

　　上面的故事讲的就是博弈论所说的"囚徒困境"。当两个人面对同样的情况，在理性思考后，双方都会得出相同的结论，所以两名嫌疑人最终都选择了认罪。

　　囚徒困境是博弈论的非零和博弈中具有代表性的例子，反映个人最佳选择并非团体最佳选择。虽然这种困境本身只属于模型性质，但现实中的价格竞争、环境保护等方面，也会频繁出现类似情况。

　　囚徒困境的主旨是，囚徒们虽然彼此合作，坚不吐实，可为全体带来最佳利益（无罪开释），但在资讯不明的情况下，因为出卖同伙可为自己带来利益（缩短刑期），也因为同伙把自己招出来可为他带来利益，因此彼此出卖虽违反最佳共同利益，反而能为自己带来最大利益。

　　在我国古代，尽管很多官员并不知晓囚徒困境的理论，在断案时，他们却应用着囚徒困境的智慧。

　　曾两度为相的李德裕是我国晚唐时期著名的政治家。唐敬宗时，他曾在浙江审理了一桩非常棘手的诬陷案。在处理案件的过程中，李德裕就应用了囚徒困境的智慧。

　　在当地的一座寺庙里，现任主事僧人将前主事以私吞修寺钱为由告到了李德裕的衙上。在最初简单的调查中，李德裕和手下很多人明知前主事是被冤枉的，但却始终找不到任何可以为其洗雪冤屈的线索，而现任主事提供的证据，足以给前主事定罪。

　　一定要为前主事申冤！急中生智的李德裕终于想出了一个好办法，那就是将召集过来的口径完全统一的众僧分开，一个一个地进行询问。同时，在问询过程中，他还交给每个僧人一块黄泥，命令他们将自己口口声声说见过的前主事侵吞的金子的模样捏出来。

被单独问询的僧人们谁也没想到会有这一手，他们捏出的金子形状自然奇形怪状。于是，串通一气做伪证诬陷前主事的案子被彻底澄清。

从李德裕断案的例子中我们一样可以看出，当僧人们作为一个协作的团体，为了全体最佳利益而坚不吐实时，将他们分开，在信息不明的情况下，所有人都露出了马脚。由此可见，囚徒困境理论的应用相当广泛。

但是，在应用囚徒困境理论时，我们也要注意，多次重复的囚徒困境，与单次发生的囚徒困境，结果是不一样的。在重复的囚徒困境中，博弈反复进行，因而每个参与者都有机会去"惩罚"前一个参与者前一回合的不合作行为。这时，合作可能会作为均衡的结果出现。

▶知识链接

博弈论又被称为对策论，起源于现代数学，也是运筹学的重要组成内容，如今已经被广泛运用到经济学中。

博弈论是指两人在平等的对局中各自利用对方的策略变换自己的对抗策略，达到取胜的意义。按照2005年因对博弈论做出贡献而获得诺贝尔经济学奖的罗伯特教授的说法，博弈论就是研究互动策略的理论。

小猪凭什么占便宜 —— 智猪博弈

猪圈里有一大一小两头猪，它们在同一个食槽里进食。为了保持饲料的新鲜，在远离猪食槽的另一边有一个踏板，每按动一次踏板，投食口就会落下 10 个单位的食物在食槽里。

这样的设计，致使大猪和小猪只要其中一头去踩踏板，那么另一头就有机会抢先吃完食槽里落下的 2 个单位的食物。如此，在大猪和小猪每次进食前，就形成了这样一种局面：

如果每次进食前，大猪先到食槽边，则大猪和小猪吃到的食物比是 9∶1；如果大猪和小猪同时到食槽边，则它们吃到食物的比是 7∶3；如果小猪先到食槽边，则大猪和小猪吃到食物的比例是 6∶4。于是，小猪更愿意选择舒服地在食槽边等待食物落出，而大猪只能不知疲倦地奔忙于踏板和食槽之间。

我们看到的大猪和小猪进食的故事，实际上是学者们通过假设论证的智猪博弈的模型。而这个博弈的结果，被经济学家们用来解释一系列社会经济学现象。下面我们可以对这个模型做一个具体的分析。

实际上，小猪选择等待，让大猪去踩踏板的原因我们可以这样解释：

如果在大猪选择行动时，小猪也选择行动，则小猪可得到 1 个单位的纯收益，即吃到 3 个单位食品的同时也要耗费 2 个单位的成本；而小猪选择等待，则可获得 4 个单位的纯收益，等待优于行动。

如果大猪选择等待，小猪选择行动，则小猪的纯收益为 –1 个单位，收入将不抵成本；而小猪也同样选择等待，则小猪的成本为零，收益也为零。

小猪为什么要行动呢？

大猪和小猪博弈存在的基础，就是双方处在同样的局面中，一时难以摆脱，而且必须有一方要付出代价来换取双方的利益。一旦其中一方有足够的能力打破这样的局面，比如小猪成长为大猪，这种共存的局面就会土崩瓦解，不复存在。

智猪博弈中，无论怎样选择，占便宜的总是小猪，而疲于奔命却很吃亏的总是大猪。这样看似有失公允的情况，用经济学的视角看待，则可理解为：谁占有更多资源，谁就必须承担更多义务。

对于这种解释，我们可以通过《三国演义》中的一个经典片段来理解。

赤壁之战是中国历史上以少胜多的著名战役之一。公元 208 年，面对曹操横陈在长江北岸的 20 万大军，军事力量对比悬殊的刘备与孙权，为了共同抗击曹军，结成了抗曹同盟。当时，刘备只有 1 万余人的兵力。

在这次作战中，周瑜的部将黄盖以诈降曹操的方式，将 10 艘满载浸油干草的战船驶入曹营，利用曹军的大意，乘机烧毁曹营，导致了曹营人仰马翻、溃不成军的混乱局面。

伤亡惨重的曹军被周瑜乘势追击，大势已去的曹操最后引军而退。此战过后，实力最弱的刘备得到了最大的胜利果实。

在这场赫赫有名的赤壁之战中，我们可以清楚地看到，孙权大军就扮演着"大猪"的角色，而刘备大军则扮演着"小猪"的角色。正常战役中，真正投入正面作战的是孙权，所以出大力的也是孙权，但最大的胜利果实却被刘备摘取。

多出力的没有多得，少出力的在一定程度上反而占了便宜。可见，赤壁之战实际就是一场"智猪博弈"。

了解了智猪博弈，在现实生活中，我们遇事就要注意分清形势，按照风险最小、利益最大的原则，为自己争取最多的便利。

▶知识链接

纳什均衡，又称为非合作博弈均衡，是博弈论的一个重要术语，以约翰·纳什的名字命名。假设有 n 个局中人参与博弈，给定其他人策略的条件下，每个局中人选择自己的纳什均衡最优策略（个人最优策略可能依赖于也可能不依赖于他人的战略），从而使自己的利益最大化。所有局中人的策略构成一个策略组合。

纳什均衡指的是这样一种战略组合，这种策略组合由所有参与人的最优策略组成。即在给定别人策略的情况下，没有人有足够的理由打破这种均衡。纳什均衡，从实质上说，是一种非合作博弈状态。

纳什均衡达成时，并不意味着博弈双方都处于不动的状态，在维持博弈中，这个均衡是在博弈者连续的动作与反应中达成的。纳什均衡也不意味着博弈双方达到了一个整体的最优状态，前面提到的囚徒困境就是一个例子。

乞丐为什么要 1 美元而不要 10 美元 ——重复博弈

大街上有一个时常食不果腹的乞丐带着一个看上去不到 6 岁的小男孩。因为没有人帮忙打理，沉默寡言的小男孩总被镇上的人认为是个傻孩子。有一次，一个人跟他开玩笑，拿一张 1 美元的纸币和一张 10 美元的纸币放在他的面前让他挑，说挑了哪个就送他哪个。小男孩看了看，挑了 1 美元的纸币。这一举动逗得人们哈哈大笑，人们都笑称小男孩是个小傻子。

这事很快在当地传开了，很多人都饶有兴致地来看这个傻小孩，并拿来 1 美元和 10 美元的纸币让他挑。每次，小男孩都会拿 1 美元，而不拿 10 美元。

一次，又有一个人拿钱来让小男孩挑，看着哈哈大笑的旁人，一位妇女看小男孩十分可怜，就问他："你难道真的不知道哪个更值钱吗？"小男孩说："富人，我当然知道，可是我拿了 10 美元的纸币，他们就再也不会把钱摆在我面前，那么，我就连 1 美元也拿不到了。"

在故事中，看似憨傻可笑的小男孩，实际上是在"吃小亏占大便宜"，不是吗？别看小男孩年纪还很小，但他的做法已经在无意识中应用了重复博弈理论。说到底，其实最聪明的就是这个孩子。如果某次合作从局部看可能是吃亏，但是对全局发展却起到极大的作用，那么这种亏是值得吃的。

重复博弈是一种特殊的博弈，在博弈中，相同结构的博弈重复多次，甚至无限次。其中，每一次博弈称为"阶段博弈"。在每个阶段的博弈中，参与人可能同时行动，也可能不同时行动。因为其他参与人过去行动的历史是可以观测的，因此在重复博弈中，每个参与人可以使自己在每个阶段选择的策略依赖于其他参与人过去的行为。

重复博弈的定义，我们可以这样进行具体的理解。比如，在小男孩的故事中，我们可以看到，从最开始小男孩只要1美元，被人戏称为小傻瓜，到小男孩凭借此举吸引了许多前来给钱的人，小男孩一直在让相同的模式不断重复。也就是说，只要小男孩不把此事说破，让当事人明白他选择的目的，那么，小男孩始终可以依赖自己一贯的方式，面对众多前来见识"傻瓜"的参与者。而小男孩每面对一次前来见识"傻瓜"的参与者，都可称作一个"阶段博弈"。

此外，关于重复博弈，我们需要注意的是，重复博弈仅指同样结构的博弈重复许多次。如果像小男孩一样，博弈是重复多次的，则参与人可能会为了长远利益而牺牲一些眼前的利益，从而选择不同的均衡策略。而当博弈只进行一次时，则每个参与人都只关心一次性的支付。因此，重复博弈的次数会影响到博弈均衡的结果。

关于一次性博弈，这里也有一个可以帮助我们理解的例子。

在清人的《笑笑录》中记载，有一个人去理发店剃头，懒惰的剃头匠很草率地便把头剃完了。尽管顾客为此心情很不好，但是又想了一下，最终却付给了剃头匠双倍的价钱。

一个多月后，该顾客又来到了这个理发店。接待他的还是上次那个剃头匠。为了多赚一些钱，剃头匠决定好好为这位出手大方的客人剃头。这一次，他剃得很细致。透过镜子可以看到剃头匠跑前跑后地忙碌，顾客满脸得意。

头剃好了，顾客起身后却只付了正价的一半给剃头匠。见剃头匠满脸怒气，顾客说："今天的剃头钱，上次我已经付给你了，而今天给的钱，正是上次的剃头费。"说完就走了。

这个故事说明，当博弈发生的次数有限时，只要临近博弈的终点，博弈双方采取不合作策略的可能性就会加大。故事中，顾客在为自己讨回公道后，以后自然不会再来这家理发店，所以，他选择了不合作的策略。在今天，因为一次性博弈的大量存在，引发了许多不合作的行为。

比如，有些脾气很暴躁的人走在大街上，如果被陌生人踩了脚会立即对对方怒目而视，而换作是平时很熟悉的人，则会一笑了之。实际上，对陌生人发火就因为这是一种"不重复"，而对熟人微笑则是因为"抬头不见低头见"的"重复"。

重复博弈中，每次博弈的条件、规则和内容都是相同的。但涉及博弈，由于有一个长期利益的存在，博弈各方在当前阶段的博弈中要考虑到不能引起其他博弈方在后面阶段的对抗、报复或恶性竞争，即不能像在一次性静态博弈中那样毫不顾及其他博弈方的利益。

有时，一方做出一种合作的姿态，可能使其他博弈方在今后阶段采取合作的态度，从而实现共同的长期利益。

▶知识链接

"帕累托最优"是指资源分配的一种状态,是在不使任何人境况变坏的情况下,不可能再使某些人的处境变好的状态。帕累托最优只是各种理想标准中的"最低标准"。

也就是说,一种状态如果尚未达到帕累托最优,那么它一定是不理想的,因为还存在改进的余地,可以在不损害任何人利益的前提下使某一些人的福利得到提高。

三个枪手的对决，谁是最后的赢家 —— 枪手博弈

《三国演义》里有这样一个故事。

袁绍大军被曹操击败之后，袁绍的儿子袁尚和袁熙投奔了乌桓。为了清除后患，曹操决定进攻乌桓。于是，走投无路的袁氏兄弟转而投向了辽东太守公孙康的阵营。面对穷途末路的袁氏两兄弟，气势高涨的曹军诸将都向曹操请命进军辽东，一鼓作气捉拿二袁。但老谋深算的曹操没有听取诸将的意见，选择了按兵不动。

数日过后，公孙康派人将袁尚、袁熙的头颅送到曹操帐中，这一举动让很多人都感到分外震惊。此时，曹操将郭嘉的遗书拿出来让大家传看。

原来，郭嘉劝曹操不要急于进攻辽东，因为公孙康一直害怕被袁氏吞并，现在袁氏兄弟去投奔他，必然会引起其怀疑。而如果曹操前去讨伐，袁氏和公孙康自然会联合起来对抗曹军，曹军的胜算不高。但若按兵不动，静待公孙康与袁氏双方的厮杀，最终得利的是曹军。

郭嘉的一场"坐山观虎斗"，最终让曹操得到了自己想要的结果。

枪手博弈就是在面对不止一个敌人或对手时，为了避免自己的进攻和竞争促成对手们联合起来对抗自己，而采取的一种静止不动、静待时机的行为方式。为了获得自己所希望的结果，在这场博弈中，最主要的

就是要注意不可操之过急。

曹操听从郭嘉的建议，面对多个对手时选择静待的方式，"坐山观虎斗"，最终让自己在不费吹灰之力的情况下，少了一个与自己为敌的竞争对手。实际上，曹操的做法与枪手博弈有着异曲同工之妙。

但话说回来，曹操及其手下部将，他们的谋略属于帝王的心术或王道，大多无法真正意义上避免其阴暗的一面。然而现代的博弈讲究的是策略。这里所说的策略，也更具有可操作性。

了解了二者的区别，让我们一同来看看枪手博弈的模型。

有三个不共戴天的枪手某天在街头遭遇，三人同时拔枪开火，假设枪手甲的命中率为90%，枪手乙的命中率为60%，枪手丙的命中率为40%，三人都是非常理性的人。那么，在第一阵枪声之后，谁活下来的可能性更大一些？

回答这样的问题前需要好生思量。通常，人们都会认为甲的枪法最好，活下来的可能性会大一些。实际上，却是枪法最差的丙活下来的机会最大。

一场激烈的枪战，枪手甲一定会先对枪手乙开枪，因为乙对甲的威胁要比丙对甲威胁大得多。甲应该首先干掉乙，这是甲的策略。

同理，枪手乙的最佳策略是先朝甲开枪。一旦甲被干掉，则乙和丙进行对决，乙的获胜率会提高很多。

枪手丙的最佳策略也是先向甲开枪，乙的枪法比甲要差一些，先把甲干掉再对抗乙，丙的存活率要更大一些。

通过策略分析三个枪手在做出抉择后的存活率，枪法最差的丙的存活率最大，而另外两人的存活概率远远要低于丙。

由此可见，在关系复杂的多人博弈中，一位参与者最后能否胜出，不仅仅取决于自身的实力，更重要的是各方实力的对比关系以及各方的策略。

纵观西方的政治竞选活动，我们可以看到很多有关枪手博弈的影子。在多个竞争对手同时竞争的局势中，往往实力顶尖者都会在实力稍差的对手的反复攻击下狼狈不堪地败下阵来。

"木秀于林，风必摧之"，因此，对于竞争者来说，等到其他人彼此争斗并且退出竞选的时候再登场亮相，局势对自己反而更有利。一个在其他对手眼中没有任何威胁的参与者，如果能采取最佳策略，更容易在较强对手们的互相残杀下"脱颖而出"。

在多方博弈中，只要我们能够采取适合自己的最优策略，那么，无论对手如何行动，都会有令人惊喜的结果青睐我们！

▷知识链接

博弈的基本构成要素：

（1）参与人：又称为局中人，是指博弈中选择行动以使自己的效用最大化的决策主体。

（2）行动：是指参与人在博弈的某个时间点的决策变量。

（3）信息：参与人了解到的有关博弈的知识，特别是有关"自然"的选择、其他参与人的特征和行动的知识。信息集是指参与人在特定的时刻有关变量值的知识。

（4）策略：是指参与人在给定信息情况下的行动规则，它规定在什么时候采取什么行动。

（5）结果：主要指均衡策略组合、均衡行动组合、均衡支付组合等。

（6）均衡：是指所有参与人的最优策略集合。

争吵为什么不能增加自己的收益 —— 谈判博弈

这里有一个一对兄弟打猎的故事。

一天,很想吃野味的兄弟二人,在一番精心准备过后,扛着猎枪一同来到山上打猎。在通向山里的小路上,他们遇到了一只离群的飞鸟。于是两个人同时搭箭准备射鸟。

箭在弦上,眼看二人的箭将同时发出,哥哥突然说话了:"把鸟射下来后我们煮着吃吧。"

"家鹅煮着好吃,但是鸟还是烤着吃香。我们把鸟烤着吃吧。"听了哥哥的话,弟弟有点不服气,着急地争辩说。

于是,兄弟两人因为这个问题开始了争吵,但意见始终没得到统一。这时来了一个打柴的村夫,听到他们的争吵,他说:"其实这个问题很好办啊,把这只鸟分成两半,一半用来烤,一半用来煮就行了。"

听了村夫的话,豁然开朗的两兄弟停止了争吵。可再次拉弓,却发现天上的飞鸟早已经没了踪影。

一场争吵,兄弟二人将即将到手的猎物放走了,这真应了那句"煮熟的鸭子飞走了"的谚语。其实,兄弟二人完全可以在把鸟打下来之后再慢慢商议该怎么处理。可他们偏偏在最关键的那一刻，看到眼前既得的利益，落入了"幻想"的陷阱。在现实生活中，很多时候我们的收益并不是恒定的。往往在谋划如何分配收益的时候，我们的收益可能在不断缩水。如果用博弈理论来解释，这里就涉及谈判博弈理论。

我们可以来看一下博弈的基本模型。

假设桌子上有一块冰激凌蛋糕，甲和乙都很想马上吃到蛋糕，但两个人在蛋糕的分配方式上展开了争吵。而在他们争吵的过程中，蛋糕一直在不停地融化。假设每经历一轮谈判，蛋糕就会缩小同样的大小。这时，讨价还价的第一轮由甲提出分蛋糕的方法，乙接受则谈判成功，若乙不接受则进入第二轮谈判。第二轮由乙提出分蛋糕的方法，甲接受则成功，不接受则蛋糕完全融化。

在这个过程中，甲刚开始提出的分配方案非常重要。如果甲所提出的方案乙不能接受的话，蛋糕就会融化一半，即使第二轮谈判成功了，也有可能不如第一轮时的收益大。因此，经过仔细考虑，明智的甲决定在第一阶段的初始分配方案中，选择只要不到整个的二分之一的那部分蛋糕，而同样明智的乙也会同意甲的要求。

日常的经济生活中，讨价还价的问题不光出现在商品买卖中，即使在国际贸易乃至重大政治谈判中都一样有所体现。而分蛋糕的故事在众多领域都有很广泛的应用，无论是在日常生活中，还是在商界、国际政坛，有关各方经常需要讨价还价或者评判总收益应该如何分配，这个总收益其实就是一块大"蛋糕"。

当然，在现实生活中，因为不同的情况有不同的要求，所以收益缩水的方式非常复杂。但有一点可以肯定，那就是讨价还价的整个谈判过程不可能无限延长，因为谈判本身是需要时间成本的。如果谈判的双方都为了收获一个对自己更有利的结果而始终坚持不愿妥协，那么他们得到的好处往往要低于谈判的代价。谈判的时间越长，"蛋糕"缩水得就越厉害。为此，双方真正僵持的时间不会太长。因而，具有这种成本的博弈，最明显的特征就是，谈判者整体来说应该尽量缩短谈判过程，减少耗费的成本。

在商业谈判中，通常是卖家首先提出一个价码，而后买家决定自己能否接受。如果不接受，他可以给出自己能接受的一个价格，或者等待卖家自己调整价码。但如果这场谈判拖时不决，那么卖家会丧失许多卖出更多商品的机会，而买家也会失去使用新产品的机会。谈判让买卖双方都损失了很多机会，但他们彼此依旧在不断的讨价还价中僵持，这是因为博弈的双方在利益上是对立的，即一方效用的增加就会损害另一方的利益。为了避免两败俱伤，他们都希望达成某种协议。如此，双方需要在达成协议的底线和争取较优的结果中进行权衡。

我们常会看到这样的现象：许多急于买一件东西的人总会付高一些的价钱购买所需物品；而急切想将商品推销出去的人，往往习惯以较低的价格将自己的东西卖出。鉴于此，许多有经验的人，在逛商场、买东西时，往往表现出一副不紧不慢、不急不躁的态度，即使内心再喜欢某样商品，也不会在卖者面前表现出来。其实，这些做法与博弈论有密切的联系。因为在谈判的多阶段博弈是双数阶段时，第二个开价者具有后动优势。

▶**知识链接**

零和博弈与非零和博弈相对,是博弈论的一个概念,属非合作博弈,指参与博弈的各方在严格竞争下,一方的收益必然意味着另一方的损失,博弈各方的收益和损失相加,总和永远为零。零和博弈的结果是一方吃掉另一方,一方的所得正是另一方的所失,整个社会的利益并不会因此而增加一分。

算命先生为什么能够"未卜先知"——策略欺骗

有一个算命先生,在当地因为占卜吉凶和推演因果很灵验,被很多人奉为神灵下凡。为了得到神灵的庇护,很多人前来求卦时都会给他很高的酬金。转眼间,又到了进京赶考的时节,这一天,有三个书生来到算命先生面前,请求他帮忙算上一卦。

一直在闭目养神的算命先生明白了他们的来意,眼睛都没睁,只伸出一根手指在空中晃了一下,一个字都没说。这一下,三个书生彻底蒙了。

"先生,我们三个到底谁能考中?"定了定神,其中一个书生急切地问道。但是,算命先生还是像刚才一样,只伸出手指,一言不发。三个书生考虑到可能是天机不可泄露,算命先生不便说明,于是怀揣着疑惑走了。

这时,一直跟着算命先生的一个小童好奇地问他:"先生,他们三人谁能考中呢?"

"不管是否能有人考中,或者能考中几个,我都说到了。"算命先生胸有成竹地说,"一根手指可以表示他们中有一个人考中,也可以表示只有一个不中,还可以表示三个人一齐考中,当然也可以表示一个人都考不中。"

小童恍然大悟。

在上面的故事中，算命先生用一个手势将书生们进京赶考的四种结局都概括了。由此可见，并不是算命先生有什么未卜先知的神通，而是巧妙地应用了我们今天在博弈论里谈到的策略欺骗。

策略欺骗的基础是，当博弈的参与者对自身和对方的优势、劣势都了如指掌之后，往往会想方设法地对自己掌握的信息加以利用，并把弱点作为突破对方防线的重点。如此，策略欺骗的基础便形成了。

在现实博弈中，参与者往往会利用自己所了解的对方的优势和劣势，从对方的弱点入手进行攻克。其基本策略是先随机出招，维持一个平局，同时尽力从对方的行动中寻找规律，当捕捉到这种规律时就利用它。但是如果博弈双方都采用这种保守策略，博弈将永远维持在平衡状态，一场真正的斗智，必须有一方首先出击，从而诱使对手也走出自己的堡垒。一个善用策略行动的人，除必要的自知之明外，还要有出其不意、掩其不备地把对方诱入局中的能力。

明正德年间，有位名叫郑堂的秀才，在福州府城内开了一家字画店，生意十分兴隆。一天，一位自称龚智远的人带着一幅传世之作《韩熙载夜宴图》来押当。郑堂当即付了8000两给他，龚智远答应在到期时，还给郑堂15000两。时间一天天过去，转眼到了取当的最后期限，却始终未见龚智远的身影。深感不妙的郑堂想取出字画再认真看一下。不看不知道，一看吓一跳。原来，郑堂收的竟是一幅赝品。一时间，郑堂收取赝品，被骗走8000两银子的消息轰动了全城。

待满腔怒火熄灭后，郑堂想出了对策。两天之后，受骗的郑堂在家中大摆宴席，遍请全城名流、字画行家前来赴会。酒宴过半，郑堂从内室取来那幅赝品，悬挂在大堂中央，对众宾客说："今天请大家来，一是向大家表明，我郑堂立志字画行业，绝不会被一时的失误吓垮；二是让各位同行们见识一下假画，引以为戒。"在宾客们一一看过假画后，郑堂把假画投进了火炉。眼看着字画化为灰烬，8000两银子就这样付之一炬，郑堂的举动传遍了全城。

事情到此并未结束。第二天一大早，销声匿迹多日的龚智远突然出现在郑堂的字画店里。他推说是有事耽误了取画的时间。郑堂一听，边打着算盘边说："没关系，只耽误了三天而已，但需要加三分利息，一共是15240两银子。"

龚智远知道自己的画已经被郑堂烧毁了，于是有恃无恐地要求以银兑画。验过银子，郑堂从内堂取出一幅画，递到龚智远手中。得意的龚智远将画打开，顿时手脚发凉，瘫软在地。

原来，那日怒气消去之后，郑堂想到一个办法，他又仿照赝品作了另外一幅画，烧掉的正是他自己仿造的假画。

郑堂的策略欺骗应用得恰到好处，原因就在于他抓住了骗子龚智远的行骗心理，将计就计，反过来请骗子入瓮。郑堂增加了自己的行动步骤，付出了暂时的代价以诱导敌人深入，在敌人被自己牵着鼻子走时，他自然成了胜利者。

现实生活中，我们所接收到的庞杂信息，往往都是真假混叠在一起的，即使是理性的人一时也无从分辨。在博弈过程中，博弈参与者发出的信息往往也不真实。例如，在市场中，卖方为了盈利，不惜将质量低劣的产品说成是优质的。为了迷惑买方，他们用尽各种手段，展示证明自己产品的优势的虚假信息。在这个过程中，买方就要学会对信息进行甄别，千万不要被眼前的假象欺骗。

博弈论中的策略欺骗理论对我们的启示在于，无论面对多么繁杂的情况，我们都应该将自己所收集到的信息综合起来加以利用，运用全部策略智慧，尽可能获取整个事情的真相，从而让自己生活在真实的世界中。

另外，我们需要明确的是，策略欺骗并不等于欺骗，也不是让我们在生活中去行骗，而是要我们利用博弈理论，在市场行为、人际交往中为自己谋取最大利益。

▶知识链接

甄别信息的方法：

（1）根据信息来源途径辨别。第一手的信息资料是相对可靠的，如果是道听途说，可靠程度就会降低。

（2）不盲目相信自己已获取的信息。根据自己的理性以及原有的经验来判断，不对获取的信息轻易下结论。

（3）多渠道获取信息。扩展信息获取的途径，广泛的信息量有助于自己做出理性的决策。

（4）向权威机构核实。比如，自己不能对市场上的高仿真钞票进行鉴别，应该向银行或其他部门核实。

私闯园林者为什么不再私闯 —— 威胁与可信度

明朝人况钟为官的故事一直作为一段佳话在民间流传。

当时，在杨士奇、杨溥、杨荣的推荐下，况钟被皇帝从小吏提升为郎官，做了苏州知府。在朝堂召见他时，皇帝亲自将自己签署的文书交给他。文书表明，况钟办案行事有不待上奏便可自行处置的权力。

来到苏州之后，有管事人将公案上呈给况钟审阅，但出人意料的是，况钟不但对公案置若罔闻，还摆出一副很无所谓的模样，将一切需要处理的文案都交给下吏来处理。当下属怀揣着忐忑的心情将处理好的文案交给他时，他也是连看都不看，随手就批上一个"可以"。这样持续一段时间过后，下吏们便开始认为他没能力，藐视他。又过了一段时间，衙门中的弊病、漏洞便在无形中一览无余地暴露出来。苏州有个姓赵的通判行事一直以嚣张著名。奇怪的是，初来乍到，急需为自己树立威严的况钟，在这段日子里每逢受到赵通判的欺凌，居然只是"嗯！嗯！"了事。

况钟的行事风格终于在一个月后出现了变化。这一天，况钟命手下人准备好香烛，请来司仪，并将全体官员召集在一起，说有事要宣布。他郑重地打开手中的文书，对众人说："一个月以来，这封皇帝亲授的诏书我还一直没来得及向大家宣布，今天我就来公布这道圣谕。"当听到诏书中有"所属官员如做不法之事，况钟有权自己直接捉拿审问"一句时，在场的所有官员都震惊了。

诏书宣读结束后，况钟旋即升堂，招来赵某，依照其所犯罪行进行了严厉的判决。从此以后，下属中的那些不法之徒再也不敢胡来了。

从钟况最开始受人欺凌，到一个月后借助铲除不法之徒的事件为自己树立威严的过程中我们可以看出，在很多时候适当的威慑是非常有必要的。

威胁，在博弈论中，指的是对不肯合作的人进行惩罚的一种回应规则。这种威胁既有强迫性的，也有恐吓性的，二者程度不同。一般而言，威胁都是在策略选择之前做出的，因此在受到对方的威胁时，首先必须考虑其可信度的问题。

在实际决策中，如果想达到通过威胁来影响对方行动的效果，我们就必须保证让自己的威胁不超过必要范围。所谓过犹不及，博弈中，一个大小恰当的威胁可以大到足以奏效，小到足以令人信服。如果威胁控制得不恰当，让对手难以相信，自己又不能说到做到，那最终也达不到威胁的效果。

在启动一次威胁策略时，发出威胁的参与者首先应考虑的就是所发出的威胁是否具有足够吓阻对方或强迫对方的效用。与此同时，当选择了威胁策略时，威胁发出时必须在自身智慧的协助下，将威胁的程度控制得恰到好处。否则，不恰当的威胁会对整体博弈造成不良后果。

巧用威胁策略可以帮我们解决许多日常生活中的实际问题。让我们走进女高音歌唱家玛·迪梅普莱的园林，看看她是怎样应用威胁策略让自己摆脱困扰的。

玛·迪梅普莱有一处属于自己的私家园林。在这个苦心经营的园子里，她一直生活得很惬意。直到有一天，在一群孩子的带领下，一帮人开始接二连三地闯进她的园林，采摘这里的鲜花、野蘑菇、鲜果，甚至在这里野炊宿营。忍无可忍的她一次又一次地让工作人员在园林四周装上篱笆墙，并在明显的位置注明了"私人园林，禁止入内"的字样。但这样做完全是徒劳的，在园中活动的人依旧没有减少。一个清晨，玛·迪梅普莱突然想出了一个好办法。

"如果有人在园林中被毒蛇咬伤，最近的医院距此 15 千米。"信手写下这一句话后，玛·迪梅普莱微笑着将字条交给了工作人员，并吩咐他们将字条上的文字写在醒目的木牌上，放在所有可能通往园林的入口处。从这以后，再也没有人私闯她的园林了。

一个合乎情理的威胁帮助歌唱家玛·迪梅普莱解决了外人入侵私家园林的烦恼。但有的时候，面对可能的威胁，如果对方没有流于表面，而是进行了深入的分析、仔细的观察，威胁则变得不可信了。

在一场博弈中，如果我们能够认识到适度发出威胁的重要性，能让自己的威胁具有可信度，并能够迅速以理性的视角判断出威胁的可信度，则整个博弈的结果将对自己非常有利。

▷ 知识链接

静态博弈，需要参与者同时采取行动，或者尽管参与者行动的采取有先后顺序，但后行动的人不知道先行动的人采取的是什么行动。

动态博弈，要求参与者的行动有先后顺序，并且后行动的人可以知道先行动的人所采取的是何行动。

乌龟为什么要和兔子合作 —— 正和博弈

甲父史和公石师是史书中记载的,春秋战国时期非常著名的两个人物。甲父史擅长计谋,但处事没有公石师果断;公石师虽然处事十分果断,却缺少心计,还常常因为疏忽大意而犯错误。于是,生活在一起的两个人,彼此取长补短,合谋共事,无论去干什么,总是心想事成。

但是有一天,两个人因为生活上的一些小事发生了矛盾,大吵一架后就分道扬镳,从此开始了各行其是的生活。而在独自生活的过程中,他们都遇到了很多麻烦,生活得都十分不如意。当局者迷,旁观者清,对此,大家都很痛心。终于,一个叫密须奋的人忍不住了,他哭着规劝二人说:"海里的水母没有眼睛,只能靠虾来带路,而虾则分享着水母的食物。它们彼此依存,缺一不可;传说遥远的北方有一种肩并肩长在一起的比肩人。他们轮流着吃喝、交替着看东西,若其中一个出现问题死了,则两个人都活不了,同样是二者不可分离。就像虾和水母以及比肩人一样,你们两个人的生活是联系在一起的。当你们分开处事时,你们的生活境况非常不如意,既然尝尽了苦头,为什么还不和好呢?"

明白了彼此之间的相互需要后,感到非常惭愧的甲父史和公石师言归于好,重新在一起生活、共事。

甲父史和公石师各有各的优点和特长，他们在一起生活，许多问题都会在二人的通力合作下迎刃而解。这说明，我们每个人作为个体存在，能力都是有限的。在这个竞争日益激烈的社会里，如果坚持合作，那么最终获得成功的可能性更大。这就引申出了经济学中的正和博弈理论。

正和博弈亦称为合作博弈，是指博弈双方的利益都有所增加，或者至少是一方的利益增加而另一方的利益不受损害，因而整个社会的利益有所增加。

合作博弈研究的是人们达成合作后如何分配合作得到的收益，即收益分配问题。之所以有这样的效果，是因为采用的是一种合作或者是妥协的方式。妥协之所以能够增进妥协各方的利益以及整个社会的利益，就是因为合作博弈能够产生一种"合作剩余"。这个"剩余"就是以此而来的，并且以此为限。至于如何分配这个"剩余"，那只能由博弈双方的力量和技巧的对比和运用来决定了。因此，妥协必须经过博弈各方的讨价还价，达成共识，进行合作。在这里，合作剩余的分配既是妥协的结果，又是达成妥协的条件。

我们可以从"新龟兔赛跑"的故事来深刻理解正和博弈。

龟兔赛跑，第一次比赛过后，因为大意丢了冠军的兔子心里很不平衡，决定和乌龟再赛一次。第二次龟兔赛跑，兔子赢了，乌龟输了，乌龟觉得兔子只有那么点优势，又不会游水，它也很不服气，于是要求比第三次。这一次是乌龟制定的路线，途经一条河，兔子过不去，但是乌龟慢慢地爬了过去，胜出了。于是龟和兔又开始商量第四次比赛。这时，乌龟说："咱们两个为什么老是竞争呢？合作吧！"最后，它们达成共识，陆地上由兔子驮着乌龟跑；过河时，乌龟驮着兔子游。它们两个一同取得了胜利。

双赢才是最佳的合作效果。这个故事所体现出的道理，正是当今社会发展十分需要的内容。合作是利益最大化的武器。

"没有永远的敌人，只有永远的利益。"不管在何种竞争中，每个人都要分清楚自己所参与的博弈种类，而据此选择最适合自己的策略。有对手、有竞争才会有发展，才会实现利益的最大化。如果对方的行动对自己不利，则应该在保证基本利益的前提下，将风险降低，与他人合作。

▶知识链接

负和博弈是指双方冲突和斗争的结果，是所得小于所失，就是我们通常所说的其结果的总和为负数，也是一种两败俱伤的博弈，双方的结果都有不同程度的损失。

第五章

在超市遇上亚当·斯密
——消费经济学

拿破仑为什么不用银器而用铝碗 —— 炫耀性消费

传说，法国皇帝拿破仑三世是一个非常喜欢炫耀的人。历史记载，他格外喜欢铝制品。

据传，当时的拿破仑非常好大喜功，经常会大摆酒席，宴请天下宾客。有趣的是，每次在餐桌上，满桌子几乎都是银质餐具，唯独拿破仑自己用的那一只碗是铝制品。堂堂的拿破仑大帝，不用亮丽高贵的银碗，却总喜欢用色泽暗淡的铝碗？我们现在听起来觉得这是一件非常可笑的事情。但回到200多年前，拿破仑的举动就不足为奇了。

原来，在200多年前的拿破仑时代，因为冶炼和使用金、银的历史已经很长，宫廷中的银制品随处皆是，但那个时候，人们刚刚学会炼铝，技术十分落后，所以铝制品在当时是一种极其稀缺的东西。物以稀为贵。据说，因为稀有所以价格十分昂贵的铝器，在当时不但平民百姓用不起，就连大臣贵族也只能望而却步。所以，一向喜欢炫耀的拿破仑自己用铝碗，目的就是显示自己的高贵和权势。

在拿破仑时代，铝制品十分稀有，但在人们发明了电解铝技术之后，铝器的大量生产，使铝制品的广泛使用成为一种很普遍的现象，于是铝的价格就随之降低了。在今天，当金、银等饰品的价格不断攀升时，已无人对铝制品予以关注，更不用说以此为炫耀。

拿破仑出高价买回铝制品供自己使用和炫耀，这种行为在经济学领域称为炫耀性消费。

炫耀性消费的概念，最早是由凡勃伦于1899年在《有闲阶级论：关于制度的经济研究》一书中，作为一种重要的社会经济现象提出来的。凡勃伦认为，商品可分为两大类：非炫耀性商品和炫耀性商品。其中，非炫耀性商品只能给消费者带来物质效用，炫耀性商品则能给消费者带来虚荣效用。

所谓虚荣效用，是指通过消费某种特殊的商品而受到其他人尊敬所带来的满足感。

由此可见，炫耀性消费的含义在于，这种消费行为的目的不在于其实用价值，而在于炫耀自己的身份。此外，消费心理学研究也表明，商品的价格具有很好的排他作用，能够很好地显示出个人的收入水平。利用收入优势，通过高价消费这种方式，高收入者常常能够有效地把自己与低收入者分开。

如拿破仑在宴会上通过使用铝碗来炫耀自己的身份、地位和财富，如今，许多人在拜金热潮和及时行乐观念的推动下，通过住豪宅、开名车、穿名牌等方式，大造声势，大把烧钱。而这些人，归根结底，是一种炫富心理在作怪。

事实上，不正常的炫耀性消费会带来许多不良后果。这种攀比的风气，势必导致权钱交易等贪污腐败的状况出现。而这种通过投入大量资本、消耗大量资源生产出的炫耀性产品所导致的资源浪费，直接影响了可持续发展的战略部署计划。

▶ 知识链接

象征性消费，包含两层含义：其一是"消费的象征"，即借助消费者的消费表达和传递某种意义和信息，包括消费者的地位、身份、个性、品位、情趣和认同。消费过程不仅是满足人的基本需要的过程，而且是社会表现和社会交流的过程。其二是"象征的消费"，即消费者不仅消费商品本身，而且消费这些商品所象征的某种社会文化意义，包括消费时的心情、美感、氛围、气派和情调。

约翰逊黑人化妆品为什么畅销 —— 捆绑销售

美国的约翰逊黑人化妆品对很多人来说都不陌生。但很少有人知道，现在这个系列化妆品销售量位居全球前列的品牌，在创业之初有着怎样的艰辛。在产品最初的销售问题上，知名度一直很高的约翰逊，作为约翰逊黑人化妆品公司的总经理，曾经伤透了脑筋。

创业之初，约翰逊经营的只是一个很小的黑人化妆品公司。由于当时一家规模很大的化妆品专属制造商几乎垄断了整个美国市场，所以该黑人化妆品公司的产品销售份额并不大。

为了提高产品的销售量，经过很长一段时间的冥思苦想，约翰逊终于想出了一句措辞非常巧妙的广告语："当你用过佛雷公司的化妆品，再擦一次约翰逊的粉质膏，将会得到意想不到的效果。"

皇天不负苦心人，这一招不仅没有引起佛雷公司的戒备，而且使消费者很快就很自然地接受了他的产品。如此，凡是使用佛雷公司化妆品的黑人都会毫不排斥地接受这款对自己确实有好处的化妆品。

后来，随着产品销量的大幅增长，约翰逊适时地抓住了这一大好时机，迅速占据了化妆品市场，并为强化产品在市场上的地位加快了产品研发力度，在短时间内，连续推出了一系列相关化妆品。

经过几年的努力，约翰逊系列化妆品占领了美国黑人化妆品市场的绝大部分份额。

当自身产品在市场中处于弱势地位的时候，约翰逊巧妙地借助著名公司化妆品的影响力对自身产品进行宣传，最终开辟并占据了化妆品市场。如果用经济学的视角看待这一事件，则涉及了捆绑销售的概念。

在日常生活中，你是不是常会遇到这样的情况呢？买空调送豆浆机、买手机送话费、买电磁炉送汤锅……不知从何时开始，捆绑销售已经渐渐出现在我们生活的方方面面。那么，什么才是捆绑销售呢？

捆绑销售也称为附带条件销售，即一个销售商要求消费者在购买其产品或者服务的同时，也得购买其另一种产品或者服务，并且把消费者购买第二种产品或者服务作为其可以购买第一种产品或者服务的条件。捆绑销售通过两个或两个以上的品牌或公司在销售过程中进行合作，从而扩大他们的影响力，可以说是共生营销的一种形式，已被越来越多的企业重视和运用。

我们可以来看下常见的捆绑销售的几种主要形式：

包装捆绑。产品包装中将类似的或者是不同类的物品进行统一包装，如三笑牙刷与牙膏的捆绑、舒蕾洗发水与沐浴露及毛巾的捆绑。这样就让大家共同得利，提高了销量。

定位捆绑。一般情况下，都是新产品上市时喜欢采用这种销售方式，将自己的产品与一个知名品牌捆绑，给自己的产品定位，同时达到宣扬自己的目的。比如，约翰逊将自己公司生产的黑人化妆品与佛雷公司捆绑。

信息传播捆绑，即把具有相关性的产品集中在一起进行传播。如此一来，既增加了整体传播力度，又节省了大笔资金。

销售捆绑，就是将几种产品做成统一包装进行销售，如把牙膏、牙刷、香皂等放在一个包装盒里销售，相对来说价格较低，消费者得到了实惠，自然也就愿意购买。

实际上，捆绑就是资源的再次创新与整合。在原有资源的基础上，通过整合创造出一种更有力度的模式，这样更利于消费者对信息的接受与处理，让消费者变被动为主动。如此，针对捆绑销售而言，如果我们能把握好"绑"的度，并进行一些有效的科学规划，从而避免一种令人反感的、风马牛不相及的捆绑，那么，这样的科学捆绑或许可以创造奇迹。

捆绑销售作为一种全新的事例系统，将宣传、销售、促销等多种因素集合在一起，目的是节省资源，提高效力。但需要注意的是，捆绑销售不是折价销售，更不是倾销，同"买一送三"也有着很大区别。合理的捆绑销售方式能给生产者带来良好的销售效果，也可以给消费者带来实惠。了解了捆绑销售的概念，在具体的规划、落实中，我们都应该向着这种一举两得的方向努力。

▶ **知识链接**

捆绑定价也叫价格捆绑策略或捆绑价格策略，是指将两种或两种以上的相关产品捆绑打包出售，并制定一个合理的价格。这种销售行为和定价方法常常出现在信息商品领域，其中，最有名的就是微软公司将IE浏览器与Windows系统捆绑，并以零价格附随出售的例子。

红顶商人胡雪岩为什么能致富 —— 顾客满意度

清朝红顶商人胡雪岩对顾客态度好且服务很周到的事迹，至今仍为人所称道。

让顾客满意是这位红顶商人经商的根本。为了践行这一根本，他要求凡是出自胡庆余堂的药品，一律保证货真价实，并将"戒欺"作为员工必须遵守的店规。他还要求，凡事都应以顾客为上，当顾客有疑问或者需要调换货物时，所有店员都不得有丝毫怠慢，应竭尽全力让顾客满意。每当出现药品质量较差的问题，胡雪岩都会在第一时间将发出或已经出售的药品召回。

胡氏避瘟丹是胡庆余堂的名药。一次，有一位远方慕名而来的客人到店里买了一盒。不料，当客人付过钱打开看时，发现药有杂味。失望之下，客人要求退货。胡雪岩听说后，上前仔细观察药丸，最后发现是因为药品在新换的药柜里串了杂味。明白了串味的缘由，胡雪岩当即向客人致歉，并吩咐店员马上更换新药。

无巧不成书。找了许久，最终店员告知，胡氏避瘟丹已经售完。本来客人到此已经对买到药不抱任何希望了，但胡雪岩为了不让远道而来的客人失望，主动将客人留宿家中，并承诺三天之内将药品送上。

后来，胡庆余堂凭借优质的药品以及店员周到的服务，规模越办越大，成了至今仍享誉国内外的名店。

一个品牌老店得以百年不倒，靠的就是胡雪岩这种将顾客满意作为经营的根本信条的文化。作为大名鼎鼎的一代药商，胡雪岩用信念也用行动将让顾客满意这个致富秘诀传给了后人。同样，顾客至上这一理念已成为许多优秀企业家走向成功的不二法门。在经济学中，顾客满意度在约束着大家的行为。

顾客满意度，本质上讲，反映的是顾客的一种心理状态，它来源于顾客对企业的某种产品服务消费所产生的感受与自己的期望所进行的对比。也就是说"满意"并不是一个绝对概念，而是一个相对概念。企业不能闭门造车，流连于自己对服务、服务态度、产品质量、价格等指标是否优化的主观判断上，而应考察所提供的产品服务与顾客期望、要求等吻合的程度如何。

通常，消费者在使用商品（包括有形产品和服务）后，都会根据自己的消费经验对商品做出一个自我评价，并在评价的基础上形成一种对该产品的态度，即使都感到满意，经济学家认为，这种满意同样是可以被评估和测量的。像恩格尔系数、幸福指数等生活数据一样，满意也可利用定量的计算方法来衡量，而这个衡量的结果就是顾客满意度指数。

在完成一次商品购买之后，我们都会经历这样一个过程，即：在购买和接受服务之前，我们首先会设想出一个我们应该会有的体会，也就是一个期望值。在具体体验产品和服务时，我们会产生一个对实际效果的感受。在这个过程中，如果我们实际感受的效果远低于我们的期望值，我们就会感到不满意。相反，如果我们实际体验的效果和我们的期望值相差不多，甚至感到有一种意外的惊喜，那我们就会感到满意或非常满意。我们经历的这个过程用公式表示就是：满意＝实际效果＞预期。

对于客户来说，满意度指数越高就会越认可这种产品，从而继续消费这种产品的可能性就越大。因而，企业若想长久发展，首先应该做到的就是重视客户的满意程度，重视客户流失，重视新客户的开发。

▷▶知识链接

潜在顾客是可能成为现实顾客的个人或组织。这类顾客或有购买兴趣、购买需求，或有购买欲望、购买能力，但尚未与企业或组织发生交易关系。

潜在顾客包含一般潜在顾客和竞争者顾客两大部分。所谓一般潜在顾客是指已有购买意向却尚未成为任何同类产品或组织的顾客，以及虽然曾经是某组织的顾客但其在制定购买决策时对品牌的认可较为随意的顾客；竞争者顾客是指本企业的竞争对象所拥有的顾客群体。

抢不到的白马王子 —— 商品稀缺

白马王子的童话在每个女孩子的童年里扎根，而后女孩们又在最美好的年岁被白马王子的情节牵引着，努力憧憬和寻找属于自己的白马王子。这是女性白马王子情结的根源。

每一个女孩心里都有一个公主般的梦想，梦想有一天，一个英俊的王子会骑着白马来迎娶自己，然后，两人从此过上了幸福的生活。梦想虽然浪漫，但是，事实却非常残酷。虽然几乎每个女孩都做过白马王子的梦，但骑白马的虽然很多，却并非都是王子。在稀缺的白马王子与众多的女孩之间的矛盾面前，真正能被王子娶回王宫的自然是极个别人。在当代，白马王子更多是指优秀男人。可是不管在哪个时代，白马王子注定都是稀缺资源。

有趣的是，根据白马王子的稀缺，很多人又提出了与之相对的"牛马理论"。这里所谓的"牛"，是指没有白马王子那么光鲜吸引人，没有那么优秀但却憨厚善良的大众男子。

其实，女孩子遇到"牛"是幸运的，所以请珍惜。然而，物以稀为贵。白马王子的稀缺让女孩子们在选择的时候往往更执着。

稀缺性也叫有限性，是指相对于人们无穷的欲望而言，经济资源或者说生产满足人们需要的物品和劳务的资源总是不足的。任何物品想要成为商品必须具有稀缺性的特点，空气对人来说虽然重要，但是却无法成为商品，因为它随手可得。

在经济学中，有个很经典的问题：为什么钻石比水贵？按照用途来说，钻石永远无法和水相比，水是人类的生命之源，离开了水人类就无法生存，可是离开了钻石，人们的生活几乎不会出现任何困难。经济学的开山鼻祖亚当·斯密回答了这个问题，就是因为稀缺性。由于钻石很稀少，物以稀为贵，人们为了能够获得钻石愿意出很高的价钱，可是对于水，随处可见，人们可以很轻易地得到，自然就不值钱了。

其实具有稀缺性的东西不仅仅是钻石，只要是人们都想得到，但供应却有限的物品都具有稀缺性。就像前面故事中提到的，或许每个女孩都做过白雪公主的梦，然而在传说中的白马王子怎么都等不来的严酷现实面前，女孩们不禁会去想为什么没有属于我的白马王子？答案是白马王子也具有稀缺性，无法人手一个。

可以说，只要人有欲望，稀缺就存在。如果一个东西有价值，那么就一定是越多越好，所以稀缺就成了常态。

资源的稀缺性是经济学存在的根本原因，经济学的目标就是实现资源的最佳配置。所以与经济学有关的地方就必然存在稀缺性。

假设某种商品不存在稀缺性，这意味着这种商品拥有想要多少就有多少的属性——这只有一种可能，就是它没有成本。只有当一种商品的成本完全不存在时，它才能是无限供应的。然而，这样它也就不再是"商品"了。即便空气也不是零成本的。城市里有氧吧，在高山和海边，也有氧气罐出售。

▶知识链接

形象代言，以形象代言的方式传达品牌独特、鲜明的个性主张，使产品得以与目标消费人群建立某种联系，顺利进入消费者的生活和视野，达到与之心灵的深层沟通，并在其心中树立某种印象和地位，使品牌变成一个有意义的、带有附加价值的符号。

你为什么愿意在楼下买烟 —— 交易费用

我们都听过郑人买履的寓言故事。

古时候,郑国有个人想去集市上买一双鞋子。早上从家里出发之前,妻子特意帮他量了一下脚的尺码,并把量好的尺码放进了他随身携带的布袋里。谁知,在走出家门之前,郑人突然决定换一身衣服。可想而知,换过衣服匆匆走出家门时,他把妻子帮他备好的布袋忘在家里了。

兴高采烈地到了集市上,拿起自己中意的鞋子,郑人才发现自己把量好的尺码落在家里了。于是他和卖鞋的人打了个招呼便跑回家中取尺码。然而,等他再次返回集市的时候,集市已经散了。

郑人十分沮丧地回到家中,妻子见状问他:"你为什么不亲自用脚试一下鞋子是否合适呢?"这时,郑人说:"宁可相信量好的尺码,也不能相信自己的脚。"

郑人买履的寓言意在讽刺那些固执己见、死守教条、不知变通,不懂得根据客观实际灵活采取对策的人。

郑人买履的故事十分可笑。若从经济学的角度来看,郑人的做法显得更加迂腐。我们可以从郑人买履的结果来看,从家到集市,再从集市到家，往返两趟，他浪费了大量的时间和精力，最终还是没有买到鞋子，他的交易成本实在太高了。

交易成本又称交易费用，最早是由美国经济学家罗纳德·哈里·科斯在《企业的性质》一文中提出的，认为交易成本是通过价格机制组织产生的，最明显的成本就是所有发现相对价格的成本，市场上发生的每一笔交易的谈判和签约费用，以及利用价格机制存在的其他方面的成本。

交易成本的例子在生活中很常见。比如，清晨来不及在家吃早饭，行色匆匆的你来到车站附近，看到有一队人在早点摊前等候买早餐。你站在队伍的最后，左顾右盼，焦急地等待。为了能填饱肚子，你还错过了自己本可以轻松赶上的一班公交车。但不凑巧的是，当轮到你买早点的时候，老板告诉你，所有早点都卖光了。无奈，你悻悻地离开早点摊，重新等待下一班车的到来。

这样的结果是，你不但没有吃到早点，还因为错过了公交车而上班迟到。在这里，你排队所花的时间和迟到所受到的损失，就是你的交易成本。

交易成本即交易费用，通常分为广义交易费用和狭义交易费用两种。

广义交易费用即为了冲破一切阻碍达成交易所需要付出的有形及无形的成本。

狭义交易费用是指市场交易费用，即外生交易费用。包括搜索费用、谈判费用以及履约费用。

生活中，我们在实现自己的交易行为时，都要以不同的形式支付交易成本。喜欢吸烟的人常会遇到这样的情况：明明知道自己家楼下的小商店出售的香烟价格要比商场里贵至少5角钱，但你最终还是会选择在楼下的小商店里买烟。也许你从来就没注意过交易成本的概念，但这个行为本身已经包含了交易成本。

这笔账我们都会算：在楼下的小商店里买包烟，贵5角钱，但你只需要下楼就可以买到，省时省力，很方便。而去商场或超市买烟，虽然可以节省下5角钱，但你要走很长的路，甚至要乘车才能到达。在这其中你所消耗的时间和精力都是你不愿意支付的。

所以，我们都会选择在就近的商店买烟，因为这样对我们来说是很划算的。同样，对于小商店来说，在为商品定价的时候，他们已经将你的交易成本算进去了。而在他们为商品定价时，根据不同商品，他们所考虑的运输、稀缺程度等因素，也是他们与供销商之间的交易成本。

交易成本是人与人之间进行交易时所必需的成本，对于不同的人，其自身的交易成本也是不同的。菜市场上，退休的老太太会因为几角钱和小商贩讨价还价，并乐此不疲，是因为老太太有很多时间可供自己支配。

既然这些时间创造不了新的财富和价值，那么买到更便宜的蔬菜则降低了他们的生活成本。但对于年轻人来说，省去了讨价还价的时间，他们可以做更多有价值的事情。

▶ 知识链接

交易成本经济学是新制度经济学当中唯一在实证检验方面取得成功的领域。威廉森在交易成本经济学的发展过程中做出了杰出的贡献，交易成本经济学是融法学、经济学和组织学为一体的新颖的边缘学科。他们认为，市场运行及资源配置有效与否，关键取决于两个因素：一是交易的自由度大小；二是交易成本的高低。

别人的选择为什么会成为自己的选择——消费从众

这里有一个故事提到了从众心理的问题。

传说有一天,一个石油商死后升上了天堂,但这时天堂里的人已经排到了天堂口。这时,看门人很遗憾地对他说:"我知道您在世时行为正派,还做过很多善事,但实在抱歉,现在天堂的容量已经饱和,实在住不下人了……""不要紧,我自有办法。"不等看门人说完,石油商便带着坚定的微笑说了一句。

来到天堂的大门前,石油商用尽力气,冲着里面大喊了一句:"地狱里发现石油啦!"话音还没落尽,便看到从门里冲出了一大堆人,你推我赶地往地狱跑去。看到眼前的一切,看门人感觉十分吃惊。待回过神来,他对石油商说:"现在您可以进天堂了。"不料,很得意的石油商这时说:"我决定去地狱。这么多人都去了地狱,说不定这个消息是真的呢。"

从众是人们自觉或不自觉地以某种集团规范或多数人的意见为准则,做出社会判断、改变态度的现象,也就是多数人怎么看、怎么说,自己就怎么看、怎么说,人云亦云,别人穿什么、做什么,自己也跟着穿什么、做什么。在经济学中，从众行为也被称为羊群行为。

　　针对这个有趣的现象，科学家们做过一个实验：在一群羊前面横放一根木棍，只要第一只羊跳过去，第二只、第三只也会跟着跳过去。此时把那根棍子拿走，虽然棍子被拿走了，但是后面的羊走到这个地方时，仍然会像前面的羊一样，向上跳跃一下。于是，科学家把这一现象定义为羊群效应。羊群效应就是比喻人们都有一种从众心理。

　　仔细观察，走在大街上，我们几乎无时无刻都能深刻感受到这种从众心理的普遍性。早春流行披肩，于是来来往往的人群中，许多女孩身上都披着一条长长的披肩，尽管当中很多人的披肩都显得很多余；今年夏天流行无袖的T恤，或者印有骷髅头的T恤，那么满大街的人都会穿这样的衣服……纷纷扬扬，每年每季都会出现这种局势，也就难怪有人将中国人的心理定式概括为"追求共性"了。

　　从众心理是大众都容易犯的毛病，而这个毛病最容易导致盲从，最终令人陷入骗局或遭到失败。与此同时，许多商家也将人们这种心理应用得恰到好处。人们都喜欢逛人多的店铺，进人多的饭店，去热门旅游城市，于是，新开业的店铺为了吸引人流大造声势，开业典礼办得就像庙会一样热闹；刚开业的饭店宁愿让利也要"顾客至上"；热门旅游城市不惜花巨资做宣传以吸引人们的注意力。由此，盲从最后便演变为盲目消费。

　　此外，因为大众中一种约定俗成的观念"群众的眼睛是雪亮的"，所以在人群中，人们往往最容易失去基本的判断力。看到很多人都在夸一种产品好，自己便加入其中，觉得机不可失，于是迅速掏腰包买下。如此，很多时候人们都会上当，其实那些将产品夸得天花乱坠的人不过是商家雇用的"托儿"而已。

不过，尽管从众行为有千般万般的不良影响，经济学家们从另一个角度分析，也可以将其看作一种预期理性行为。如果消费者能够将消费行为把握在一定限度内，那么，在信息不对称或预期不确定的条件下，人们通过对"头羊"行为的模仿，以达到自己预期的结果，这样的从众行为是一件好事。对于弱势群体来说，从众消费对他们有一定的保护作用。当然，是否产生从众行为以及从众行为产生的程度与每个消费者的个性品格、特点、知识面有着很大关系。

▶ 知识链接

示范效应是指受外界因素影响所诱发的不顾生产力水平和经济条件去模仿过高消费水平和消费方式的经济现象。

例如，如果一个人的收入增加了，周围人的收入也同比例增加了，则他的消费占收入的比例并不会发生变化。而如果别人的收入和消费增加了，他的收入并没有增加，但因顾及自己在社会上的相应地位，会打肿脸充胖子提高自己的消费水平。

渔翁为什么要小不要大 —— 消费欲望与需求

一天，一个渔翁在河边钓鱼，看样子他的运气很好，没多久，只见银光一闪，便钓上来一条鱼。可十分奇怪的是，每逢钓到大鱼，这个渔翁就会将它们放回水里，只把小鱼放到鱼篓中。在一旁观看他垂钓很久的人感到很迷惑，于是就问："你为何要放掉大鱼，而只留小鱼呢？"

渔翁答道："我只有一口小锅，所以煮不下大鱼，而且小鱼的味道更鲜啊！"

在现实生活中，构成需求的因素有两个：一是购买欲望；二是购买能力，两者缺一不可。消费者个人的嗜好决定了购买欲望。而这种嗜好又取决于消费者的物质和精神需要、文化修养等因素。

众所周知，总需求小于总供给就会造成经济萧条，因此必须要扩大消费并刺激消费者的购买欲望，这可以说是扩大需求的唯一正确途径与办法。但问题是怎样扩大消费需求。有时扩大消费需求带有极大的主观随意性，未考虑微观效果与供求在结构上的吻合，没有注意遵循客观经济规律与市场机制的要求，这是理论上的一个严重缺陷。结果，扩大需求的效果很差，直接造成供求结构失衡。比如，甲商品过剩，却扩大了乙商品的需求，导致滞胀危机。未掌握经济规律，尤其是消费品变化规律，就很难正确地判断出哪些商品该扩大需求、哪些商品该减少需求。所以，也就不能在动态中实现需求和供给在总量与结构上的平衡。

何为消费品变化规律呢？它包含哪些内容呢？从单独一个消费品的生命周期来看，它经历了以下三个阶段。

一是初步发展阶段。产品刚刚被研发出来，价格比较贵，产量也比较低，大部分人都买不起。这一阶段的特点是产品产量增长比较缓慢，需求量也比较小。

二是快速发展阶段。这种产品的生产技术已经成熟，可以大量生产，价格也开始下降了，同时人们的收入提高了，对它的需求也就快速增加了。这一阶段的特点是产品产量与需求量快速增长，人们的需求也能很快得到满足。

三是发展缓慢甚至停滞阶段。因为在第二个阶段中，这种商品实现了大规模生产，已经基本满足了人们的需求，需求达到了饱和状态，所以只能随着人口增长而缓慢增长，若出现了替代品，该商品还会消亡。这一阶段的特点是产品需求增长速度比较慢，产量增加也相应较小，处于一种相对停滞或者消亡的状态。

尽管消费品种类繁多，而且随着科学技术的进步，新的消费品不断被发明创造出来，可是对于所有消费品(包括服务)而言，它们无法同时处于生命周期的同一个发展阶段之中。

在某一时期，有些商品处于生命周期中的第一个阶段，该类商品就叫作第一类商品；有些商品处于生命周期中的第二个阶段，该类商品就叫作第二类商品；有些商品处于生命周期中的第三个阶段，该类商品就叫作第三类商品。这样，所有消费品都可以分为以上三类商品。

随着生产的发展、供给的增加，处于生命周期第一个阶段的商品就会转入第二个阶段中，第二个阶段的商品会转入第三个阶段，而第三个阶段的商品就会逐渐走向衰亡。与此同时，新发明、新创造出来的商品又不断地补充为第一类商品。这就是消费品发展变化的基本规律。

▶知识链接

品类需求强度，表示市场需求强度或者市场容量及空间，可以用对该品类有需求的人口（目标顾客）与总人口之比来表示。根据品牌经济学原理，品类是消费者选择某品牌产品的单一利益点，因此，品类需求强度系数就表示具备某一单一利益点的消费者或目标顾客的数量占总市场容量的比重。

第六章

有形的手能否掌控无形的手
——财税经济学

从"富"走向"负"的加州 —— 财政赤字

在美国联邦政府的破产法律中有一个特别的章节 —— 政府重组破产保护。在美国，自 1937 年政府重组破产保护程序实施以来，先后有 600 个地区的政府使用这个程序"幸免于难"。2008 年 7 月 1 日，加利福尼亚州州政府宣布正式进入财政紧急状态。据统计，该州在 18 个月内，财政赤字增加到 280 亿美元。

根据各州"自负盈亏"的法律规定，美国经济第一大州 —— 加利福尼亚州州政府在面临破产时，在没有国家扶持与帮助的情况下，最终选择了申请政府破产保护。如此一项举措，使整个加利福尼亚州瞬间出现了政府债券投资者血本无归，百姓处在被裁员、被加税的旋涡中挣扎的混乱局面。于是，加利福尼亚州从"富"的巅峰，跌向了"负"的低谷。

财政赤字是由于财政支出大于财政收入而形成的差额，在会计核算中用红字处理，所以称为财政赤字。它反映着一国政府的收支状况。财政赤字是财政收支未能实现平衡的一种表现，是一种世界性的财政现象，与此相对，当政府财政收入多而支出少时，所出现的差额则作为另一种财政未能实现平衡的表现，称为财政盈余。对政府而言，只要有收入和支出就存在赤字或盈余。

面对日趋复杂的世界经济局势，现代许多国家的政府都习惯"寅吃卯粮"。但是，在美国著名的克林顿总统掌管白宫的8年里，美国出现了历史上少有的财政盈余。

就业是提高人民收入的重要因素之一。深谙此道的克林顿自执政开始便努力为人民创造就业机会。因此，在这段时期，美国的就业形势十分喜人。为了增加政府的财政收入，善于把握市场时机的克林顿决定在美国人均收入涨幅停滞多年，刚刚出现上升趋势的关键时刻增税。如此一来，美国联邦政府的收入出现了大规模的盈余。

长期的财政盈余可以提高人民的生活水平，但长期的财政赤字则会加大国民经济的负担。但在当下，许多处于经济上升状态的国家都需要大量的财富解决大批的问题，所以绝大多数国家政府出现的都是财政赤字。由此可见，财政赤字似乎是不可避免的问题。不过，在一定限度内，财政赤字也可以刺激经济增长。

针对财政赤字，国际上有两条警戒线标准。一是财政赤字所占比重，不能超过国民生产总值的3%，否则将会出现财政风险。比如，一个国家在某一年的国民生产总值是30万亿元，那么该国的财政赤字一旦超过了9000亿元就超出了警戒线。二是政府的财政赤字不能超出财政总支出的15%。这就是说，一个国家的运筹资金再紧张，其借债也不能超过15%这个百分比。

像中国一样，世界上很多国家都采用发行国债的方式来解决财政赤字问题。政府这样做，目的是通过发行国债来促进国家经济增长，然后用国债投资所赚回的资金将国债还清。然而，对于政府要还的这些债务，最后还是从每一个纳税人身上出。如果纳税人上缴的税收不够，下一代纳税人还要接着去还。实际上，政府发行的国债，就是今天花将来的钱。

▶知识链接

弥补财政赤字的方式：

动用历年结余。动用历年结余就是使用以前年度财政收大于支形成的结余来弥补财政赤字。

增加税收。增加税收包括开增新税、扩大税基和提高税率。但它具有相当的局限性，并不是弥补财政赤字的稳定可靠的方法。

增发货币。增发货币是弥补财政赤字的一个方法，至今许多发展中国家仍采用这种方法。但增发货币会引发通货膨胀。

发行公债。通过发行公债来弥补财政赤字是世界各国通行的做法。这是因为从债务人的角度来看，公债具有自愿性、有偿性和灵活性的特点；从债权人的角度来看，公债具有安全性、收益性和流动性的特点。

抽烟的人为什么不减反增 —— 税率

汉武帝统治时期曾颁布一道"算缗令",即征收商人和手工业者的财产税及车船税。后来,针对许多人隐匿和虚报个人财产的现象,汉武帝再度发布了"告缗令",对频繁逃避"算缗令"的商贾进行打击。

如火如荼的"告缗令"运动最终使钱税的性质发生了变化:原先以现钱和车船为主的课税范围扩大到包括田宅、奴婢、畜产在内的一切财产。这样一来,课税的计算就是将全部财产均按一定的价格折合成现钱以充作纳税基数。此外,最初"只为商贾居货者设"的课税,后来竟扩大到"凡民有蓄积者,皆为有司所隐度矣,不但商贾末作也"。

随着课税范围和对象的不断扩大,许多商贾的中产之家都走向了没落。一场沸沸扬扬持续了近 10 年的"告缗令"运动,虽然增加了政府的收入,但对大商人起到了一定的打击作用,与此同时也阻碍了私营工商业的发展。

汉武帝通过算缗令,开始对商人和手工业者征收财产税及车船税。但由于具体执行中征税性质发生了变化,被定得过高的税率直接损害了百姓的收入,降低了百姓的生活水平。而过广的税基、过高的税率,最终影响了整个国家经济的持续发展。

税率是税额与课税对象之间的数量关系或比例关系，是指课税的尺度。我国现行税率可分三种：比例税率、定额税率和累进税率。通常，税率是收取税收时一项重要的依据。比如，美国有一项不成文的规定：用公款请客吃饭，要按照饭费的 50% 缴纳吃饭税。在这里，50% 就是税率。

此外，通过税率的变化，政府可以在清楚地了解人们的消费行为和习惯后，对税率进行有效的调节。我们可以通过烟的税率调整来理解税率的调节作用。

自 2009 年 5 月 1 日起，经国务院批准，财政部、国家税务总局对烟产品消费税政策做了重大调整：甲类香烟的消费税税率由 45% 调整到 56%，乙类香烟由 30% 调整到 36%。

我们都知道，尽管每盒香烟上都注有"吸烟有害健康"的字样，并且越来越多的医学研究表明，吸烟对人体的危害已不亚于流行疾病。但在生活中，我们身边以吸烟为嗜好的人并未减少。据不完全统计，中国每年因吸烟致病造成的直接损失为 1400 亿～1600 亿元，间接损失达 800 亿～1200 亿元。事实证明，在世界各国的控烟行动中，提高香烟的税率是有效的方式之一。而提高烟产品的税率，不但能增加政府的财政收入，还能挽救无数人的生命。随着烟产品税率的提高，烟价也会随之提升。如此，年轻人及低收入者吸烟的概率就会减少，可谓一举两得。

但是，提高烟产品税率一举两得的效用在现实中只能归为理想。在我们身边，烟产品税率提高后，烟民并未减少。已经吸烟成瘾的烟民，对烟产品的需求相当大，单纯的价格上涨并不能在本质上起到抑制作用。由此可见，要抑制吸烟，单纯凭借税收这个经济杠杆是不行的。

提高税率可以在提高财政收入的同时，在一定程度上对相关产品的出售起到抑制作用，而降低税率，对国家的经济发展一样有着十分明显的作用。1973 年，美国经济在石油危机之后进入萧条期。里根总统上台后，面对美国"经济上的敦刻尔克大撤退"，为了振兴美国经济，他推出了减税政策，通过降低企业的税率来刺激投资和经济发展。这一举措不仅使美国经济得到了恢复，也增强了美国人的信心。

从 1981 年当选美国总统到 1989 年离开白宫，在里根从政的 8 年中，美国经济从最初的萧条进入了繁荣。在他离开白宫前，美国个人所得税的最高税率已经降到 28%，失业率降到了 6%。

税率和税收作为重要的经济杠杆，只有被合理运用才会促进经济发展、促进人民生活水平的提高。"天下兴亡，匹夫有责。"在关系我们自身利益、关系国家经济发展的税率问题上，不光是税率的制定者，我们每个普通人都应给予高度关注。

▷▶**知识链接**

税收优惠是指国家在税收方面给予纳税人和征税对象的各种优待的总称，是政府通过税收制度，按照预定目的减除或减轻纳税人税收负担的一种形式。

税基即课税基础。具有两种含义：一是指某种税的经济基础。例如，流转税的课税基础是流转额，所得税的课税基础是所得额，房产税的课税基础是房产等。二是指计算缴纳税额的依据或标准，即计税依据或计税标准，如营业税中的营业额等。

财富分割的利器 —— 所得税

在中国历史上，王莽和他建立的"王莽政权"一直为后人所熟知。公元8年，登上皇帝宝座的王莽把国号改为"新"。

公元9年，面对国家初建的局面，王莽制定了一系列经济改革政策，设立了对工商业者纯经营利润额征收的税种"贡"。

《汉书·食货志下》中记载："诸取众物，鸟、兽、鱼、鳖、百虫于山林水泽及畜牧者，嫔妇桑蚕、织纴、纺绩、补缝，工匠、医、巫、卜、祝及它方技，商贩、贾人坐肆、列里区、谒舍，皆多自占所为，于其所在之县官，除其本，计其利十一分之，而以其一为贡，敢不自占，自占不以实者，尽其没入所采取而作县官一岁。"

这段文字的大意为，凡事从事采集、狩猎、捕捞、畜牧、养蚕、纺织、缝纫、织补、卜卦算命之人及其他艺人，还有商贾经营者，都要从其经营收入中扣除成本，算出纯利，按纯利额的十分之一纳税，自由申报，官吏核实，如有不报或申报不实者，政府会没收其全部收入，并拘捕违犯之人，罚其服劳役苦工一年。

王莽在建国之初，为了迅速恢复经济，要求各行各业者上缴的

"贡"，从税收制度的构成要素来看，已具备所得税的特征。通过具体分析可看出，王莽制定的"贡"以从事多种经营活动取得纯收入的人为纳税人，税率为10%。纳税人自行申报，官吏核实，对违法者有相应的处罚措施。

按说这种政府强制执行的"贡"，对国家的建设有一定促进作用。为了民生安稳，人民应该积极响应。但是，在公元22年，面对人民群众的群起反抗，王莽被迫下旨免税。原来，其征收的"贡"，由于范围太广，征收方法太过繁杂，既不利于操作，也不利于管理，导致了许多官民冲突，以致人民群起反抗。公元24年，王莽政权便以覆灭告终。王莽最终落得个国破身死的下场，但其首创的"无所得税之名，有所得税之实"的"贡"，实质就是今天所说的"所得税"。

所得税又称所得课税、收益税，是指国家对法人、自然人和其他经济组织在一定时期内的各种所得征收的一类税收。一般可划分为个人所得税和企业所得税两大类。

我们想要了解所得税，需要先知道一下"所得"指的是什么。从经济学角度来看，所得是指人们在两个时间点之间，以货币表示的经济能力的净增加值。因此，现实生活中，包括工资、利润、租金、利息等要素所得和赠予、遗产、财产增值等财产所得都属于所得的范围。

为达到一定的调节目的，进行社会财富的再分配，对所得税的征收可影响各方面的利益分配格局，客观上也可影响纳税人的行为。而针对社会分配不公，或者贫富差距相差太大的情况，征收所得税就能很好地起到平衡作用。

征收个人所得税是调节收入、减少贫富差距的有效途径之一，这也是在现实生活中与我们关系最为紧密的税种。个人所得税在名义上一般实行累进征收，即税率随个人收入的增加而递增，对低收入者采用低边际税率，对高收入者采用高边际税率。与此同时，个人所得税还实行标准扣除和单项扣除，扣除额随个人收入的增加而递减，低收入者的扣除额占其收入的比例高，高收入者则相反。如此，通过累进税率和标准扣除达到了累进征收、缩小个人税后收入差距的目的。

▶**知识链接**

我国个人所得税的主要内容：

工资、薪金所得；个体工商户的生产、经营所得；对企事业单位的承包经营、承租经营所得；劳务报酬所得；稿酬所得；特许权使用费所得；利息、股息、红利所得；财产租赁所得；财产转让所得；偶然所得；由国务院财政部门确定的其他所得。

威尼斯商人凭什么最终获救 —— 利息与利率

莎士比亚是世界上著名的大文豪。在他笔下，许多鲜明的人物形象都给我们留下了深刻印象。剧本《威尼斯商人》中的一对死对头——安东尼奥和夏洛克的形象便是如此。

在手头现钱紧缺的情况下，威尼斯商人安东尼奥为了帮助好友巴萨尼奥迎娶名门贵族小姐鲍西娅，不惜以自己的名义向高利贷者夏洛克借了 3000 个金币。

安东尼奥平时是一个乐于助人的商人，有人跟他借钱时，他都是不收取利钱的，所以大家都喜欢跟他交往。而他的行为在无形中影响了高利贷者夏洛克的利益。所以，夏洛克一直想找机会报复安东尼奥。当安东尼奥主动向夏洛克借钱时，夏洛克很爽快地就答应了。夏洛克表现得很慷慨，他表示不收取利钱，只要安东尼奥写下借据，规定借期为 3 个月即可，但是，如果 3 个月到期安东尼奥不能归还的话，就要从安东尼奥身上割下一磅肉。为了替朋友分忧解难，又想到 2 个月后自己的货船即可返回，安东尼奥便签订了借约。

不幸就在这时候发生了。安东尼奥的商船在海上遭遇了风暴，一直没有找到行踪。这一下子让安东尼奥损失巨大，借款也不能如期归还了。

于是，夏洛克借机将他告上了法庭。按照合约，安东尼奥将受到被夏洛克割掉身上一磅肉的惩罚。

聪明又美丽的贵族小姐鲍西娅得知了安东尼奥的官司。为了解救心上人的朋友，鲍西娅乔装打扮后，以律师的身份来到威尼斯。在法庭上，鲍西娅根据借约的内容向夏洛克表示，他可以割下安东尼奥身上任何地方的一磅肉，但如果流下一滴血的话，夏洛克就要用性命及财产来赔偿。因为安东尼奥的借约上只写了一磅肉，并没有答应给夏洛克一滴血。最后，法庭宣布夏洛克以谋害威尼斯市民的罪名，没收其部分财产，安东尼奥被释放。

虽然对于莎士比亚这一名作所展现的中心思想，很多人说法不一，但从经济学角度进行分析，故事中涉及了"利息"的概念。

利息是借款者为取得货币资金的使用权而支付给放款人的一定报酬。作为借入货币的代价或贷出货币的报酬，利息实际上就是借贷资金的"价格"。而这一"价格"（利息）水平的高低是通过利率来表示的。

利率是指一定时期内利息额与借贷货币额或储蓄存款之间的比率。

下面，我们来具体了解一下产生利息的原因。

1. 延迟消费。当放款人把金钱借出时，就等于延迟了对消费品的消费。而在偏好上，消费者大多偏好现实的商品多于未来的商品，因此在自由市场会出现正利率。

2. 预期的通胀。通货膨胀是经济活动中十分常见的现象。在通货膨胀发生时，代表用一定数量的金钱在未来可购买的商品会比现在少。因此，借款者须向放款人补偿此段时间的损失。

3. 代替性投资。放款人可以选择把金钱用于其他投资。放款人把金钱借出，等于放弃了其他投资的可能回报，也就在一定程度上损失了当前的机会成本。

4.投资风险。借款者随时有破产、潜逃或欠债不还的风险，在这种情况下，放款人需要收取额外的金钱，以保证在出现这些情况时，仍可获得补偿。

从上述原因可知，利息的产生与市场和经济活动有着直接的关联。由此推及利率，利率通过市场和价值规律机制，在某一时点上由供求关系决定，因而它能够真实地反映资金成本和供求关系。但实际上，为了使利率与市场变化相适应，利率是直接由中央银行实施管制的。

在现实生活中，我们每个人，无论从事何种职业，都会遇到一些存款和借款的情况。因此，了解计算利息的方法十分有必要。

单利和复利是利息常用的两种计算方法。单利的计算方法比较简单，借入者的利息负担也比较轻，它是指在计算利息额时，只按本金计算利息，而不将利息额加入本金进行重复计算。通常我们用 I 代表利息额，P 代表本金，r 代表利息率，n 代表借贷时间，S 代表本金和利息之和。则用公式可表示为：$I = P \times r \times n$，$S = P \times (1 + r \times n)$。

如果一家银行向一个企业提供一笔为期 5 年、年利率为 10% 的 200 万元贷款，则到期时该企业应付的利息为：

$I = P \times r \times n$

$ = 200 \times 10\% \times 5$

$ = 100$（万元）

本金和利息之和为：

$S = P \times (1 + r \times n)$

$ = 200 \times (1 + 10\% \times 5)$

＝300（万元）

复利是指将本金产生的利息额再计入本金，重新计算利息的方法。这种方法比较复杂，借入者的利息负担也比较重，但考虑到资金的时间价值因素，保护了贷出者的利益，有利于提高使用资金的效率。用公式表示为：

$I=P\times[(1+r)^n-1]$

$S=P\times(1+r)^n$

若前面例子中的条件不变，按复利计算这家企业到期时应付的利息为：

$I=P\times[(1+r)^n-1]$

$=200\times[(1+10\%)^5-1]$

$=122.102$（万元）

$S=P\times(1+r)^n$

$=200\times(1+10\%)^5$

$=322.102$（万元）

▶知识链接

贷款贴息是用于指定用途并由国家或银行补贴其利息支出的一种银行专项贷款。借款人本人在贷款期内不支付利息，贴息最长不超过2年。

里根为什么只拍四部电影 —— 拉弗曲线

美国著名的里根总统曾在第二次世界大战期间，在一家电影公司做演员。据说，这段经历对他的影响很深远，而经济学者拉弗的理论也因为里根的这段电影生涯而得到了更深的理解、更多的肯定。

1980年1月，刚刚通过竞选的里根总统被安排和竞选班子中的一批人一同参加了几次经济学课程，以学习一些治理国家必备的经济学知识。而第一位给里根总统上课的就是拉弗。利用这个大好的机会，拉弗向里根讲解了一通自己研究出的有关税收的理论——拉弗曲线理论。

拉弗越讲越兴奋，而当他说到"税率高于某一值时，人们就不愿意工作"时，里根激动地站了起来。他很肯定地对拉弗说："是这样的。'二战'时，我正在'大钱币'公司当电影演员，当时的战时收入附加税高达90%，我们只要拍四部电影就会达到这一税率范围。如果我们再拍第五部，那么第五部电影赚来的钱将有90%给国家交税，我们几乎赚不到钱。所以，拍完了四部电影后，我们就选择去国外旅游，而不是继续工作。"

拉弗曲线理论在里根的"现身说法"下，被广泛传开。

因为自身投入电影生涯的特殊经历和感受，里根总统更能理解和接受拉弗的经济学理论。因此，从里根总统开始主政后，便开始大力推行减税政策。在这个过程中，一开始并未被人注意的拉弗曲线理论也因为拉弗和里根的"默契"感知而登上了经济学主流的大雅之堂。

拉弗曲线的主要含义是：当税率为零时，税收自然也为零；而当税率上升时，税收也随之上升；当税率增至某一点时，税收达到最高额，这个点就是最佳税率。当税率超过这个最佳税率点之后，税收不但不增，反而开始下降。因为当税率的提高超过一定限度后，企业的经营成本提高，投资减少，收入减少，税基减小，从而导致政府的税收减少。针对这一情况，拉弗在数轴中用一条曲线来描绘税收与税率之间的关系。这条曲线就被叫作拉弗曲线。而这条曲线的目的是提醒政府，适时降低税率能够刺激生产，税收总额反倒会因为税率的降低而增加。

关于拉弗曲线，我们先来看看人们惯常的理解。通常，人们都认为税率越高，对于相同数量的税基来说，能征收到的税收就越多。例如，对一个有着100元收入的人征税，100元则是税基，如果税率为5%，国家即可从中收取5元的税收；如果税率为10%，则国家可得到10元税收，同原来比较，国库中就多了5元钱。

毫无疑问，在一定范围内，提高税率，国家的确可以多征到税。但税率的提高一旦突破某个限度后，人们工作的积极性就会下降，加之人们本身主动纳税的热情就不高，于是偷税漏税的动机增强，进一步导致税基下降，国家能够征到的税反而减少了。

拉弗因为发明了拉弗曲线理论成了里根总统的经济顾问，专门负责为政府推行的减税政策出谋划策。但在实际应用中，拉弗曲线面临着许多争议，其被质疑的原因在于，它只能对高收入的纳税人做出预期判断，对低收入者来说，他们并不负担高税率，所以不会受到高税率的影响。针对这一分析，拉弗曲线只有运用阶层分析方法，才能在实际应用中得到应验。

▶ **知识链接**

供给学派是 20 世纪 70 年代在美国兴起的一个经济学流派。该学派强调经济的供给方面，认为需求会自动适应供给的变化，因而得名。

供给学派的主要代表人物之一拉弗将供给经济学解释为："提供一套基于个人和企业刺激的分析结构。人们随着刺激而改变行动，为积极性刺激所吸引，见消极性刺激就回避。政府在这一结构中的任务在于使用其职能去改变刺激以影响社会行为。"

格林斯潘为什么会有如此威力 —— 货币政策

"笨蛋！谁当总统都无所谓，只要让艾伦当美联储主席就成。"

这是 1996 年，在美国大选前夕，《财富》杂志放在封面的一句口号。而在美国金融界，这样的评论比比皆是："格林斯潘一开口，全球投资人都要竖起耳朵。""格林斯潘打个喷嚏，全球投资人都要伤风。"

格林斯潘是谁？他为何有如此大的威力？

关注经济的人对格林斯潘都不陌生。他是美联储前任"掌门人"，1987 年由美国前总统里根任命执掌美联储，一直到 2006 年，格林斯潘为白宫工作了近 19 年，历经里根、布什、克林顿、小布什四位总统，被称为美国史上任期最长的美联储主席。

美联储是美国联邦储备系统的简称。从 1913 年至今，美联储一直控制着美国的通货与信贷，起着"最后的借款人"的作用。为了给美国"提供一个更安全、更稳定、适应能力更强的货币金融体系"，美联储运用公开市场业务、银行借款贴现率和金融机构法定准备金比率三大杠杆来调节经济。作为美国中央银行的掌门人，格林斯潘之所以"打个喷嚏，全球投资人都要伤风"，最重要的原因是他的手里握着重要法宝 —— 货币政策。

中央银行是一个国家最高的货币金融管理机构，在各国金融体系中居于主导地位。其职能是宏观调控、保障金融安全与稳定、提供金融服务。作为"国家的银行"，它是国家货币政策的制定者和执行者，也是政府干预经济的工具，同时为国家提供金融服务，代理国库，代理发行政府债券，为政府筹集资金。

货币政策指的是中央银行为实现既定的经济目标运用各种工具调节货币供给和利率，进而影响宏观经济的方针和措施的总和，可以说是中央银行的法宝。中央银行通过货币政策调节货币供应量，影响利率及经济中的信贷供应程度来间接影响总需求，以达到总需求与总供给趋于理想均衡的一系列措施。通常，货币政策分为扩张性的政策和紧缩性的政策两种。

扩张性的货币政策是通过提高货币供应增长速度来刺激总需求。这种政策让信贷的取得更为容易，利率会降低。因此，在总需求与经济的生产能力相比很低时，使用扩张性的货币政策最合适。在2008年美国爆发的金融危机影响我国经济发展时，我国采用了适当宽松的货币政策，利率降低，因而全社会贷款总额持续上涨。

紧缩性的货币政策是通过削减货币供应的增长率来降低总需求水平。在这种货币政策下因为取得信贷较为困难，利率也随之提高。因而，当出现较为严重的通货膨胀时，采用紧缩性的货币政策较合适。

货币政策有稳定物价、增加就业、促进国民经济增长和平衡国际收支四大作用。其调节的对象是货币供应量，即全社会总的购买力，具体表现形式为流通中的现金以及个人、企事业单位在银行的存款。流通中的现金与消费物价水平变动密切相关，是最活跃的货币，一直是中央银行关注和调节的重要目标。

▶ 知识链接

财政政策是指国家根据一定时期政治、经济、社会发展的任务而规定的财政工作的指导原则，通过财政支出与税收政策来调节总需求。增加政府支出可以刺激总需求，从而增加国民收入，反之则压抑总需求，减少国民收入。税收对国民收入是一种收缩性力量，因此，增加政府税收可以抑制总需求从而减少国民收入，反之，则刺激总需求，增加国民收入。

如此"懒惰"的瑞士人 —— 社会保障

如果你常去瑞士旅游,你很快便会羡慕这个国家人民的生活状态。在这里,上至政府官员下至黎民百姓,凭借比较完善的社会制度,他们的生活都很安适,很少出现有人"为五斗米折腰"的情况。

由于政府和商家的通力合作,瑞士的旅游业相当发达,从而吸引了许多前来观光度假的游客。但在瑞士,大多数城市的商店和餐饮娱乐场所,周日和节假日都是不营业的。而许多瑞士餐馆,晚上10点以后大厨就熄火不再接待客人,过不了多久就会打烊。理由很简单,每名员工都必须要赶回家去享受生活。

休息的权利在瑞士被放在所有权利中最重要的位置上。"会休息的人才会工作"几乎是所有瑞士人的座右铭。如果观察瑞士一名政府工作人员每日的工作,你会发现他们的上班时间非常宽松,用他们的话形容就是:喝完两杯咖啡就几乎到了该下班的时间。良好的福利条件,令人满意的工资待遇,这一切都让人充满了艳羡。

有了充足的休息时间,如何安排每年的假期便成了瑞士人的头等大事。通常,许多人会在前一年就开始计划休假日程。不管手里的工作有多忙,该休息就休息,就算多给加班费也不干,天大的事情也要等到度完假回去再办。在休假期间，他们从不穿西装，也不处理公务。他们在一个非常轻松的生活环境中，只希望得到纯粹的休息。

或许，伴随着日益增长的工作压力，对于瑞士人的生活，我们听起来难免有种天方夜谭的感觉。其实，如果我们了解了社会保障制度就会明白，瑞士人的生活并不是神话，而是有据可循的。

社会保障是指国家和社会通过立法对国民收入进行分配和再分配，对社会成员特别是生活有特殊困难的人的基本生活权利给予保障的社会安全制度。社会保障的本质是维护社会公平进而促进社会稳定发展。

社会保障的历史十分深远。早在公元前560年的希腊，政府就对伤残的退伍军人及其亲属发放抚恤金；给失业者、残疾人提供一定衣物、食物和津贴保障；让贫穷的病人也可以享受医疗救助等福利。

在英国圈地运动之后，鉴于大量农民因丧失生计流入城市，威胁城市正常生活和社会稳定的情况，1601年，英国政府颁布了缓解贫困者生存危机的法令。

到垄断资本主义时期，德国首相俾斯麦制定的《疾病保险法》等法令，标志着以社会保险为核心内容的现代社会保障制度的诞生。

1935年，罗斯福政府在美国颁布了《社会保障法》，实行老年保险和失业保险制度。第二次世界大战后，英国工党全面开始实施《贝弗里奇报告》中提出的建设福利国家的主张，全面实行社会保障制度。

1948年，英国宣布建成"福利国家"，许多欧美发达国家相继效仿。久而久之，一个国家的福利程度已经成为衡量这个国家经济发展水平的标准之一。

从社会保障的发展历程中我们不难看出，社会保障是市场经济发展的必然产物。只要存在人类和人类社会，劳动者的社会保障问题就始终存在，所以说，劳动者的社会保障是所有社会都面临的问题。尤其在当今市场经济的高效率和高风险下，社会保障制度显得尤为重要，而也只有在市场经济条件下，社会保障对经济的发展才能发挥其完整而巨大的维系作用。

一般来说，组成社会保障的社会保险、社会救济、社会福利、优抚安置等内容中，处于核心的就是社会保险。

广义的社会福利就是国家为改善和提高全体社会成员的物质生活和精神生活所提供的福利津贴、福利设施和社会服务。

优抚安置是指国家对从事特殊工作者及其亲属，如军人及其亲属予以优待、抚恤、安置。在我国，优抚安置的对象主要有军烈属、复员及退伍军人、残疾军人及其家属；优抚安置的内容主要包括提供抚恤金、优待金、补助金，开办军人疗养院、光荣院，安置复员及退伍军人，等等。

伴随着经济的飞速发展，我国在社会保障方面的投入已经越来越多。我国在社会保障上存在的问题还有很多，但凡事都有个发展的过程，我们相信，不久的将来，我们也能在更加完善的社会保障体系下，过上神仙般自由、安逸的生活。

▶ **知识链接**

福利国家：资本主义国家通过创办并资助社会公共事业，实行和完善一套社会福利政策和制度，对社会经济生活进行干预，以调节和缓和阶级矛盾，保证社会秩序和经济生活正常运行，维护垄断资本的利益和统治的一种方法。

第七章

知己知彼，百战百胜
——信息经济学

王羲之为什么会成为"东床快婿"——信息对称

一代书法名家王羲之的名字几乎是妇孺皆知。但提及"东床坦腹",有多少人知道它与王羲之的关系呢?

"东床坦腹"是指乘龙快婿,事实上,"乘龙快婿"这个词就是从王羲之"东床坦腹"的故事流传而来的。

晋代时期,丞相王导和太傅郗鉴是很好的朋友,两人同朝为官。有一天,郗鉴来到王导的家里,对王导说自己有意在其府上物色一个女婿,王导欣然同意。于是,第二日郗鉴便派他的门生到王导府上代自己挑选。

门生来到东厢,令王家子弟聚在一起,一个个认真地相看了一番。回去后门生向郗鉴报告说:"王家的小伙子都很好,一时难分上下。不过,听说您要选女婿,他们个个都打扮得衣冠楚楚,举止矜持,希望能被选中。只有一个后生躺在东边的床上,敞开衣襟,露着肚皮,满不在乎,好像根本不知道您要选女婿似的。"郗鉴听了,十分高兴地说:"这个人正是我要选的佳婿。"于是郗鉴就把女儿许配给了这个人。躺在床上的这个人就是日后成为大书法家的王羲之。

这个故事一直作为一种美谈广为流传,渐渐地,人们就把别人的好女婿称为"东床快婿"。

一个勇于将自己最真实的一面展示给别人，另一个能够慧眼识人，王羲之和郗鉴的默契促成了一段美好姻缘，也留下了一段人间佳话。深入思考，用经济学知识来分析，王羲之和郗鉴的默契则是一种信息对称的表现。

信息对称就是指相关信息为所有参与交易各方共同分享的局面。在市场条件下，要实现公平交易，交易双方掌握的信息必须对称。换句话说，倘若一方掌握的信息多，另一方掌握的信息少，二者不对称，这交易就做不成；或者即使做成了，也很可能是不公平交易。

在现实的经济活动中，信息不对称的情况十分常见。信息不对称产生的影响，有时候会造成市场失衡，让市场在进行资源配置的时候，由于信息量对比过于悬殊而产生较大的利益差距。

此外，在购买商品的过程中，人们对商品个体信息的认知也会产生不对称。通常，关于交易物品，卖家会比买家享有更多信息。而且，有些商品的检测是不能用肉眼第一时间发现不同的，如香烟、酒水、罐头等，这些东西的外包装是密封的，消费者很难在购买时第一时间知道其好坏。对于这类产品，卖者明显要比买者更清楚产品的实际情况。

在生产和经营之外，生活中，我们一样可以随处感受到信息不对称的存在。例如，你每天都加倍努力地工作，但理应根据你的良好表现，多支付你工资的老板，对你的努力程度只有一个模糊的概念，那么你的奖金远比你应得的要少。老板没有完全了解你的努力，所以在这种信息不对称的情况下，他无法将你的薪水与表现挂钩。

不过，面对生活中存在的大量信息不对称的问题，聪明的人总是能够想出有利的解决办法，以提高信息的质量或减少因信息不对称所造成的损失。

比如，当你想买一辆二手汽车，但又对二手车的质量、性能不了解时，你可以找个懂行的朋友咨询，或者在网上浏览相关信息，参考大家的意见，从而做出一个合理的选择。

可以说，在飞速发展的现代社会中，信息量的多少决定着个人决策的正误，而信息透明度的高低，则直接影响着社会效率的高低。纵观个人与社会的发展，信息被垄断的现象依然存在，只有不断提高获取信息的能力、不断拓宽获得信息的渠道，拥有充满智慧和理性的头脑，我们才能减少由信息不对称造成的损失。

▶ **知识链接**

传统经济学认为，价格凝结了所有的市场信息，它的获得不需要成本，因而能够为所有的市场参与者所自由运用，这样，市场参与者就具有市场运行的完全信息。信息经济学认为，价格是在搜寻中获得的，是以付出成本为代价的，因而信息是不完全的。信息经济学揭示了价格并不能囊括全部的市场经济关系，因此，市场价格制度就不再是激励约束的全部内容和手段，"非价格"机制成为激励约束不可或缺的内容。

我早就了解你了 —— 信息不对称

在一个军队里，吉姆一行 7 个人作为哈雷教官的学员，在哈雷的带领下，展开了为期 3 个月的军事素质训练。吉姆是个腼腆的小伙子，身边的 6 个队友总是在休息时和哈雷聊得很开心，而他都只是露出几颗牙齿，微微地笑一下，不说话。在训练上吉姆十分能吃苦。他希望，不久的将来自己也可以凭借一身过硬的军事素质，成为军队中的领导者、指挥者，扎根军营。

在军队里训练的日子，刻苦的吉姆确实进步了不少。在每次达标测试和比赛中，吉姆的表现都十分优秀。但是，身边的一个队友告诉他，表现太过于突出会让他"树大招风"，很容易被人算计。

朴实的吉姆一时间陷入矛盾中。这时，队友间却传出了哈雷教官要选新班长的消息。传言哈雷教官明确表示，这个班长的人选，不光要具备优秀的军事素质，更重要的是要拥有良好的人际关系协调能力。吉姆很希望能顺利成为班长，走出自己人生理想的第一步。但传闻中哈雷教官的话让他觉得，或许教官说的军事素质良好但处事能力差的人，就是他这样不善于交际的人。

沉浸于内心的矛盾与沮丧中，心事重重的吉姆在训练中屡次失误。

这天中午，哈雷教官把他留下来进行了一番长谈。

当平时一向严肃的教官在自己面前露出了平和的微笑时，吉姆心中所有的顾虑都被打消了。在哈雷教官的帮助下，他说出了自己所有的想法和感受。

"其实我早就了解你了。"哈雷教官拍着吉姆的肩膀，非常赞许地说道。顿生意外的吉姆就在那一天被哈雷教官选为了班长。

信息不对称是指交易中的各人拥有的资料不同。也就是说，市场交易的各方所拥有的信息不对等，买卖双方所掌握的商品或服务的价格、质量等信息不相同，即一方比另一方享有较多的相关信息，处于信息优势地位，而另一方则处于信息劣势地位。

一般而言，卖家比买家拥有更多关于交易物品的信息，但相反的情况也可能存在。从经济学层面解释，信息不对称就是指交易一方对交易另一方的了解不充分，双方处于不平等地位。

如果用经济学理念来解释前面故事中吉姆和哈雷教官的情况，我们可以这样进行分析：就哈雷教官而言，他通过对吉姆这名新兵各方面的观察和了解，其掌握的信息要远比吉姆想象中的多。而对吉姆来说，他对哈雷教官的了解并不多，因而他所掌握的有关哈雷教官的信息自然很少。在这种对彼此信息的掌握不对等的情况下，吉姆的内心便产生了顾虑和矛盾。幸好，哈雷教官一次及时的谈话让二人之间的信息得到了互通。

在市场经济中，各种交易都不同程度地存在着信息不对称的问题。正常情况下，尽管存在信息不对称，但通常根据所拥有的市场信息也足以保证产品和服务的生产与销售有效进行；而在另一些情况下，信息不对称却会导致市场失灵。此时可能需要政府介入市场。

在现实生活中，我们可以看到许多信息不对等的情况。比如，在二手车交易市场中，卖主对车辆的了解远比买主对车辆的了解要多。此外，不对称信息还可能导致逆向选择。该现象由肯尼斯·约瑟夫·阿罗在1963年首次提出。阿克洛夫在20世纪70年代发表的经典著作《柠檬市场》中做了进一步阐述。三位美国经济学家阿克洛夫、斯彭斯、斯蒂格利茨由于对信息不对称市场及信息经济学的研究成果获得了2001年诺贝尔经济学奖。

▶ **知识链接**

信息是信息论中的一个术语，常常把消息中有意义的内容称为信息。1948年，美国数学家、信息论的创始人香农在题为《通信的数学理论》的论文中指出："信息是用来消除随机不定性的东西。"1948年，美国著名数学家、控制论的创始人维纳在《控制论》一书中指出："信息就是信息，既非物质，也非能量。"

夜叉鬼的烟幕弹 —— 信息的不完全性

传说有两位商人带着一支由 500 人组成的经商队外出做生意。途中，一个穿着奢华衣服、头上戴花的夜叉鬼化身的年轻人出现在人们面前，一边走手里还一边弹着琴。

"你们何必辛辛苦苦载这么多粮草和水呢？前面不远处就有肥美的草和甘甜的清泉。不如你们跟着我走，我给你们带路。"夜叉鬼对大家说。

其中一位带队的商人听了夜叉鬼的话，立即请大家放下所背之物，跟在其身后前进。另一带队者却对众人说："我们现在还没有真正看到草和泉水，所以需要谨慎些，不能轻易丢掉身上的粮草。"

结果，听信夜叉鬼的话先走的一队商人，因为找不到水和粮草，全部渴死了；而另一队商人则攻克重重困难，最终到达了目的地。

就像两位商人领队一样，决策的成败往往关系到一件事的成败、一个企业的兴衰。这时，决策者的素质和能力就成了至关重要的一环。由此可见，高技术、高智商的人才对企业发展有着重要的促进作用。

在前面的故事中，不同的决策让两个团队的结局也不尽相同。具体分析，两位商人领队之所以做出了不同的决策，在于他们对夜叉鬼所言的判断。在听到夜叉鬼传达给大家的信息之后，第二个商人领队做出的决策，让跟随他前行的商人们顺利到达了目的地。我们来看看他是如何对夜叉鬼所言进行判断的。

首先，商人领队觉得自己还没有见到水源，所以不能轻易放弃备用物品；其次，面前这位只有一面之缘的陌生人所说的话，自己是否能够放心地听从？考虑到这两点，第二个商人领队决定见到水再选择是否继续背着储备物资，在没见到水之前，他们既不听夜叉鬼的，也不跟随夜叉鬼走，这样做是最保险的办法。

不幸的是，第一位商人领队受到了蛊惑，并在夜叉鬼所放的烟幕弹下做出了错误的判断。

在当今社会的经济活动中，不同经济主体的信息资源和信息处理几乎都是不对称的。主体本身的能力和所处环境的差异，使得就算是面对相同的信息，我们做出的决策也可能是完全不同的。由此发出的新的信息将继续扩大这种不对称。信息的不对称，就是信息的不完全。

不完全信息是指市场参与者不拥有某种经济环境状态的全部知识。新凯恩斯学派认为，不完全信息经济比完全信息经济更加具有现实性，市场均衡理论必须在不完全信息条件下予以修正。

信息不完全不仅是指那种绝对意义上的不完全，即由于认识能力的限制，人们不可能知道在何种时候、何种地方发生何种情况，而且是指"相对"意义上的不完全，即市场经济本身不能够生产出足够的信息并有效地配置它们。

作为一种有价值的资源，信息不同于普通商品。人们在购买普通商品时，先要了解它的价值，看看它值不值得买。但是，购买信息商品却无法做到这一点。人们之所以愿意出钱购买信息，是因为还不了解它，一旦了解了它，就没有人会愿意再为此进行支付。

这就出现了一个难题：卖者应不应该让买者在购买之前就充分地了解所出售的信息的价值呢？如果不让，则买者就可能因为不知道究竟值不值得而不去购买它；如果让，则买者又可能因为已经知道了该信息而不去购买它。在这种情况下，要能够做成"生意"，只能靠买卖双方的并不十分可靠的相互信赖：卖者让买者充分了解信息的用处，而买者则答应在了解信息的用处之后即购买它，因而在市场交易中会导致道德风险，使得市场效率低下，在一定程度上限制了市场的作用。

完全信息是指在信息对于双方来说是完全公开的情况下，双方所做出的决策是同时的或者不同时但在对方做决策前不为对方所知的。研究任何一种经济现象和行为，都必须充分注意到这个信息的不完全性。信息的不完全性导致了传统的经济学理论从微观到宏观的过渡成为不可能。

▶知识链接

在现实的经济生活中，存在着一些和常规不一致的现象，即"逆向选择"。本来按常规，降低商品的价格，该商品的需求量就会增加；提高商品的价格，该商品的供给量就会增加。但是，由于信息的不完全性和机会主义行为，有时候，降低商品的价格，消费者也不会做出增加购买的选择；提高价格，生产者也不会增加供给。

老太太买菜 —— 信息搜寻成本

小李和王妈同住一个小区。王妈独自一人住在3楼的一居室里，每天晚上都要到附近的菜市场去买菜。在买菜的路上，王妈时常与刚下班的小李碰面。

小李正好也要买菜做饭，作为很熟的老邻居，遇到王妈便和她一路聊着走进菜市场。但虽然都是来买菜的，她们买菜的方式却有着天壤之别。上了岁数的王妈买菜一般是先把菜市场逛上一遍，看看不同摊位的蔬菜质量和价格，货比三家之后择优而买。有时，为了买到物美价廉的蔬菜，她甚至会走一段路，到其他菜市场去买。在王妈看来，自己平时也没什么事，出来买菜，多走点路还可以锻炼一下身体，就当是散步了。

小李买菜则简单多了，一般她都是碰到合适的就买，而很少花时间去逛菜市场进行比较。在付钱时，小李也不会像上了岁数的王妈那样斤斤计较。

经济学其实就体现在很平常的生活中。在上面的故事中，王妈和小李两人去菜市场买菜所表现出的不同也可以用经济学知识来分析。我们可以首先进行一个设想：王妈的做法是否会比小李的做法实惠呢？

很显然，无论王妈还是小李，她们的行为方式都是理性的。经济学家们认为，信息是人们做出决策的基础。但获取信息需要付出金钱和时间的代价。信息可以为人们带来收益，在做一件事时，掌握的信息越充分，做出的决策就越正确。在这里，寻找信息时所付出的代价就是搜寻成本。

在故事中，王妈逛菜市场所表现出的就是一种寻找信息的活动，在这个过程中，她所付出的时间和金钱就是搜寻成本。而在一番比较过后，王妈买到了更好更便宜的菜，这就是搜寻带来的收益。据此，我们来看下信息搜寻成本的具体概念。

信息搜寻成本是指在自由竞争场合由于价格离散而产生的搜寻价值。

信息搜寻成本这一概念起源于对消费者商品购买行为的研究。消费者和商家之间的信息不对称，使得消费者努力寻找不同地域或商店出售的同质商品的价格信息，以找到性价比最高的商品。信息搜寻行为无疑会帮助消费者做出比较理想的购买决策。"货比三家"就是对信息搜寻行为的经典描述。

但是信息搜寻也是有成本的，主要是指搜寻过程中耗费的时间成本。信息搜寻成本作为一种机会成本，当其大于信息搜寻带来的商品价格收益时，搜寻可能会失败或者被终止。值得注意的是，相同的时间损耗对于不同的个体来说，其时间成本是不同的。例如，已经退休的老年人，可能为了几元钱的差价而跑遍多家超市，以寻找最低的价格；而工作繁忙的年轻人，可能更愿意就近购买所需的商品，而不在意是否买到了最低价，因为时间对于他们来说是一种更稀缺的资源。

在正常情况下，人都是以有限信息为基础做出有限理性的决策。如果做出决策前不去寻找信息，作为实际决策，决策失误的概率就会很大，这便是一种非理性行为。但是，如果付出过多的时间和金钱去寻找信息，搜索的成本大于收益，其行为也是非理性的。如此，如果我们把多寻找一点信息所增加的成本称为边际搜索成本，把多获得的这点信息所增加的收益称为边际搜寻收益，那么，我们寻找信息时应该追求边际搜寻成本与边际搜寻收益相等。这样才能实现经济学家所说的收益最大化。

不同的人买菜方式不同的原因正在于他们的搜寻成本不同。还是从前面讲的故事入手进行分析。在故事中，王妈是位时间很充裕的老人，那么，她寻找信息的成本几乎为零，因为她寻找信息所花的时间并没有其他用处。所以，在一定合理的范围内，老太太逛菜市场买到物美价廉的菜是一种理性行为。

但是对于上班一族的小李来说就不一样了。如果她工作一个小时可以收入20元，而其在花时间货比三家后买到的菜比不货比三家买到的菜便宜20元，那么她用一小时逛菜市场寻找信息就是理性的。但是，如果逛一小时菜市场的收益没有这么多，则她逛菜市场的行为就是非理性的。

在日常生活中，也许我们对经济学的了解不多，我们也没有必要去非常精准地计算逛菜市场与否给我们带来的边际成本或收益，但是我们却都在无形之中遵循着经济学的原理办事。由此可见，如果我们多了解一些经济学常识，那么，在日常的经济活动中，我们的行为会更加理性。

▶ **知识链接**

实验心理学常引用信息论中的信号检测理论来描述人的许多信息行为。该理论认为人对信息的反应分为四种：集中、正确拒斥、虚报和漏报。其中集中是指成功地找到目标信息；正确拒斥是指成功地排除信息

163

噪音；虚报是指把噪音当成目标信息；漏报是指把目标信息当成噪音。

因此，成功的信息搜寻必须是前两者的集合：成功找到目标信息并且排除信息噪音。于是我们可以得到公式：信息搜寻成本＝获得目标信息的成本＋排除信息噪音的成本。

在不同的历史时期，这两种成本的相对重要性是不同的。在信息匮乏、信息流通不畅的时代，获得目标信息的成本要远远大于排除信息噪音的成本。而在信息爆炸、信息畅通无阻的时代，排除信息噪音的成本就很可能要大于获得目标噪音的成本。

所罗门王的智慧 —— 信息甄别机制

在西方世界,所罗门王被公认为是最聪明的人,很多著作里都有有关他超凡智慧的传说。

传说中,所罗门王非常喜欢一位异国的君主——示巴女王,于是向女王提亲。但是,示巴女王对所罗门王的智慧很是不服,想要刁难刁难他。借着提亲的机会,示巴女王想出了一道题来考考所罗门王。

她叫仆人捧了两个碗进来,其中一个装着 10 枚金币,另一个装着 10 枚同样大小的银币。她对所罗门王说:"你把眼睛蒙起来,我把桌上这两个碗任意调换位置。然后你随意选一个碗,从里面取出 1 枚硬币,如果选中的是金币,我就嫁给你;如果选中银币,我就要再考虑一下了。"

所罗门王看着女王,认真地思考了一下,说:"亲爱的女王,在完成这个考题之前,我是否能够任意安排碗里的钱币组合呢?"

因为两个碗里的钱币数目一样,所罗门王选中金币的概率是二分之一。即使是所罗门王在每个碗里各放 5 个金币,所选中的概率也是二分之一。所以,示巴女王没有反对所罗门王的提议。

所罗门王把 1 枚金币单独放到一个碗中,把其余的金币和全部银币都放在另一个碗里。这样,他能抽中任意一个碗的概率是二分之一。如果抽中了只放有一个金币的碗，那么他得到金币的概率是百分之百。所以，这样一算，他这次选中金币的总概率是二分之一。如果他能够抽中那个放了金币和银币的碗，从其中拿到金币的概率是十九分之九，而再乘以二分之一就得到三十八分之九，这就是所罗门王从此碗中取出金币的总概率。

现在我们把两项概率的结果相加得到十九分之十四。示巴女王出题时规定，只要所罗门王能够得到金币就行，并没有规定必须是从哪个碗里拿到的。十九分之十四约为 0.7368，几乎约等于四分之三了，这就是所罗门王从两个碗中选中金币的概率。

所罗门王的这个充满智慧的小故事给我们阐释了一个道理，那就是在现代社会中，不管是在哪个行业，信息甄别都具有非常重要的作用，这点是我们不能忽视的。

信息甄别概念是罗思切尔德和斯蒂格利茨进一步发展了阿克洛夫、斯宾塞的研究成果而提出来的，这个概念是指通过一定合同的安排，缺乏信息的一方可以将另一方的真实信息甄别出来，实现有效率的市场均衡。

信息甄别模型理论是现代信息经济学在非对称信息条件下，解决逆向选择问题的一种机制设计，用现代信息经济学的委托—代理术语来解释，在委托人和代理人双方的选择中可以产生一个对交易双方均较为有利的均衡结果。

在这里，我们可以将市场主导者与消费者之间的关系看作委托代理关系，市场主导者不可能知道每个消费者的需求信息，但是可以通过市场调查收集到需求信息分布情况，设计并制定出系列价格合同供每个潜在消费者选择，消费者结合自身需求信息来选择相应的合同。

这样，市场主导者就能够通过消费者主动的自我选择来不完全地获取消费者剩余，间接地区分不同的细分市场。

在上面的小故事中，所罗门王属于缺乏信息的一方，而示巴女王站在他的对立面，她掌握着大量的有用信息。所罗门王想要提高自己的成功概率，便采用了"信息甄别"这个办法，他跟示巴女王进行了商讨，在自己的组合之下，获得了大量的真实有用的信息，提高了自己成功的概率。

信息甄别机制对于提高自己的产品销量与服务质量起着非常重要的作用，这个机制尤其在保险行业中被大量采用。比如，在保险公司的保险合同当中，投保人知道自己的风险，而保险公司缺乏这一方面的信息，于是保险公司针对不同类型的潜在投保人制定了不同的保险合同，投保人就会根据这种风险来选择适合自己的保险合同。

▶ **知识链接**

信息甄别是市场交易中没有私人信息的一方为了减弱非对称信息对自己的不利影响、能够区别不同类型的交易对象而提出的一种交易方式、方法（或契约、合同）。

信号传递与信息甄别是有很大不同的。在信息甄别模型中，要想产生分离均衡，甄别者（没有私人信息的一方）所提出的同一交易合同对不同的被甄别者必须有不同的收益；而在信号传递模型中，同一信号对不同发送者必须产生不同的交易成本，才能产生分离均衡。信息甄别与信号传递的差异还在于，在信息甄别机制中，没有私人信息的一方先行动，而在信号传递机制中，有私人信息的一方先行动。

《皇帝的新装》新解 —— 公共信息

《皇帝的新装》是安徒生童话中非常著名的一篇，现在这个童话不仅是孩童们津津乐道的故事，同时，还真实地发生在现代社会中。

经济学家约翰·加尔布雷思曾在接受一个媒体采访时说过，在全球的众多职业经济学家中，只有10～12个人完全预测了金融危机的来临。其中以奥地利经济学派的米塞斯为首，很多经济学家早就嗅到了危机的味道。最早预示房地产经济泡沫的奥地利经济学派的专家，他们当中有很多人都预示了我们现在正在遭受的经济危机，他们认为，导致这一切经济危机的罪魁祸首便是美联储。

美联储作为一个独立的行事机构，利用低利率造成了高杠杆化、投机操纵以及日益增多的负债，误导了很多投资者，掩盖了真实的经济状况，最终将市场搅得一团糟。

美联储的干预政策，让经济繁荣出现假象，导致房市经济泡沫加速形成，也加速破灭，而这期间，自由市场不可避免地成了替罪羊。面对如此突然的经济危机，民众们并没有指责谁，而是默默地接受了，正如在十几年前，经济学家亨利·赫兹利特就曾经说过，这些人为的经济泡沫必然导致"大危机和大萧条，但更糟糕的是民众将会误以为经济萧条并非先前的通货膨胀所致,而是'资本主义'的固有缺陷所致"。

美联储的这些所作所为非常像安徒生的童话故事《皇帝的新装》中什么都没穿,还自以为身着华服的皇帝,而它周围的民众对它也是视而不见,无意中放任了它的所作所为。甚至在指责政府措施失败时,大家也都对它避而不谈,这也就冤枉了倒霉的自由市场,使它无辜地成了替罪羊。但这场游戏迟早会有结束的一天,总有一天美联储的这层透明的外衣会被民众无情地揭穿。

《皇帝的新装》的童话相信对大家来说都不陌生,在文学上的解释不过就是人性的丑恶以及大众的附和,但是在经济学上,它却有着新的解释,这一切都与公共信息有关。

公共信息是指所有市场参与者都能够自由获得的信息。在竞争激烈的寡头垄断中,经济主体对市场知识的需求特别迫切。他们在客观上假定其他竞争者的行为是合理的,即假定所有的市场参与者都具备公共的市场知识。这种共同的市场知识即公共信息。

罗伯特·E·维里克查尔认为,当具有信息集合A的市场有效时,并且在每个市场参加者可利用的信息中,唯有信息A的知识使市场参加者产生了共同的或者同质的认识,这就是市场的常识或共同知识。简单地说,公共市场知识就是指这样一种假设:所有的相关信息都能够被所有的市场参加者获取。

在上面这个故事中,美联储无非霸占了市场参与者获得公共信息的权利,市场的参与者没有渠道获得公共信息,所以在竞争中就失掉了一部分的资源。而美联储在发生危机之后也并没有将公共信息告诉市场参与者,而是继续一意孤行地执行自己的政策,正是这种霸道,导致了经济危机的发生。

公共信息是具有积极作用的，公共信息可以引导市场支配力，公共信息的闭塞较大地妨碍了风险的分担，因而破坏了市场参与者相应的预期收益。

▶**知识链接**

寡头垄断又称寡头、寡占，意指为数不多的销售者。在寡头垄断市场上，只有少数几家厂商供给该行业全部或大部分产品，每个厂家的产量占市场总量的相当份额，对市场价格和产量有举足轻重的影响。

第八章

积累财富靠的不是工资而是投资
——投资经济学

只贷款 1 美元的秘密 —— 理财

只贷款 1 美元？1 美元！这里面藏着怎样的秘密？让我们跟随这位妇人来看个究竟。

第二次世界大战之后的几年，纽约一家银行接待了一位妇人，她要求贷款 1 美元。根据贷款的细则，经理想了一下，觉得她的要求符合贷款规定，便回答妇人可以贷款，但需要她提供担保。

只见妇人十分小心地从皮包里拿出一大沓票据，抬头对经理说："这些是担保，一共是 50 万美元。"经理看着票据，郑重地询问妇人："您真的只贷 1 美元吗？""是的，但我希望银行允许我提前还款。"妇人说。"没问题，这是 1 美元，年息按 6% 计算，为期 1 年，可以提前还贷。到时，我们将票据还给您。"经理一丝不苟地回答。

虽然直到此时经理心中的迷雾仍未散去，但由于妇人的贷款完全符合银行的各项借贷条例，他只能按照规定为妇人办了贷款手续。妇人从容地在贷款合同上签了字，接过 1 美元转身要走。这时，经理忍不住发问了："请问，您担保的票据值那么多钱，为何只贷款 1 美元呢？即使您要贷 40 万美元，那也是可以的啊。"

妇人微微一笑，随即坦诚地说："我必须要找个保险的地方存放这些票据。但是，租一个保险箱要花不少钱，放在您这儿既安全又能随时取出，一年只要6美分，不是非常划算吗？"听完妇人的一番话，恍然大悟的经理不禁对她肃然起敬。

恍然大悟的经理为什么会对妇人肃然起敬呢？这就说到了理财的问题。这位妇人不愧为理财高手。我们常常会看到许多看似平凡的人，却积累了非凡的财富，他们的秘诀就是善于理财。用一句当下十分流行的话说就是"你不理财，财不理你"。

理财并没有什么特定的定义。一般我们所说的理财，无非是牺牲眼前的消费以增加未来的消费而已。因为人们都喜欢眼前的事物，总是喜欢拿到眼前的利益。而理财是需要有所付出的，这个付出成本，就是要牺牲眼前的消费，为将来的消费增加积累。

有人认为理财是要等到手里有了一定的积蓄之后，才能做的事情。其实，理财并不是要等到钱多以后才能开始，钱少才更要理财。我们每天不论购物还是到银行存款、购买保险，这些都是理财行为。理财是一门高深的学问，太节省的人需要学会花钱，太浪费的人要学会省钱。能够花有限的金钱，办成无限的事情的，才是理财的高手。

在日常生活中，理财通常包括证券投资、不动产投资、子女教育、保险等方面的内容。

1. 证券投资。这种投资，不是一般人都会的，所以需要我们要对这方面有比较深入的了解，才能做得很好。否则，不要轻易接触它。

2. 不动产投资。不动产，作为我们老百姓来说，房子可以算是不动产中最关键的了。买一套房子合算，还是租一套房子合算？一次性付清款项划算，还是贷款按揭划算？这些情况，都需要我们仔细斟酌。

3.子女教育。教育投资是为子女准备的，这部分资金是一个不确定的预备。只可以多，不可以少。另外，要盘算好子女能够接受什么样的教育。在现有支出的约束下，怎样才能使子女受到更好的教育？

4.保险。从经济学角度来看，保险对客观存在的未来风险进行转移，把不确定损失转化为确定成本——保险费。比如，意外伤害保险，我们每个人都可能会有意外的事情发生，因为不知道意外什么时候发生，也不知道发生的程度如何，有时候，一旦发生了意外，就有可能非常严重，昂贵的医疗费用会使家庭走向崩溃。对于个人而言，保险就是在平时付出一点保费，以期在发生风险的时候获得足够的补偿，不致遭受重大冲击。

▶ **知识链接**

金融是货币流通和信用活动以及与之相联系的经济活动的总称。其内容可概括为货币的发行与回笼，存款的吸收与付出，贷款的发放与回收，金银、外汇的买卖，有价证券的发行与转让，保险、信托，国内、国际的货币结算，等等。

炒股不赚不赔的丘吉尔 —— 股票

1929年，丘吉尔从财政大臣的位子上走下之后，带着家人开始了一场富有生趣的旅行。他们先后来到了加拿大和美国。9月，进入美国的丘吉尔受到了当时美国战时工业委员会主席、金融专家巴鲁克的盛情款待。宴会过后，巴鲁克陪同丘吉尔来到位于华尔街的证券交易所参观。谁承想，当时已经55岁的丘吉尔，突然颇有激情地决定开户进场。在他看来，炒股赚钱实在是一桩小事。

本来把炒股当作一碟小菜看待的丘吉尔，进场后没多久，第一笔交易便被套住了。丘吉尔不禁觉得很丢面子。于是，他又瞄准了一只很有希望的英国股票，期望反败为胜，为自己"涨涨威风"。但不凑巧的是，股价一路下跌，很快他又被套住了。如此反复几次，丘吉尔一笔又一笔的交易都陷入了泥沼。下午收市的时候，面对账户的大幅度亏损，感到很没面子的丘吉尔一直在和巴鲁克抱怨。

然而，就在他绝望之际，巴鲁克却递给他一本账簿，上面清楚地记录着另一个"丘吉尔"的"辉煌战绩"。原来，巴鲁克早就预料到丘吉尔这位在政治上一路亨通的老手，其聪明才智在股市中未必有用武之地，初涉股市，他很可能会落得个损兵折将、丢兵卸甲的窘境。于是，他提前为丘吉尔准备了一根救命稻草,吩咐手下用丘吉尔的名字开了另外一个账户,丘吉尔买什么,另一个"丘吉尔"就卖什么;丘吉尔卖什么,另一个"丘吉尔"就买什么。

读了丘吉尔的故事,我们首先来具体了解一下股票的基本概念。

股票是股份公司(包括有限公司和无限公司)在筹集资本时向出资人发行的股份凭证,代表着其持有者(股东)对股份公司的所有权。这种所有权为一种综合权利,如参加股东大会、投票表决、参与公司的重大决策、收取股息或分享红利等。同一类别的每一份股票所代表的公司所有权是相等的。每个股东所拥有的公司所有权份额的大小,取决于其持有的股票数量占公司总股本的比重。

股票一般可以通过买卖的方式有偿转让,股东能通过股票转让收回其投资,但不能要求公司返还其出资。股东与公司之间的关系不是债权债务关系。股东是公司的所有者,以其出资额为限对公司负有限责任,承担风险,分享收益。

在交易市场上,股票作为交易对象,同商品一样,有自己的市场价格和市场行情。由于股票价格要受到诸如公司经营状况、供求关系、银行利率、大众心理等多种因素的影响,其波动有很大的不确定性。价格波动的不确定性越大,投资风险也就越大。正是这种不确定性,有可能使股票投资者遭受损失。

在现代社会,股票投资是一种很重要的投资方式。有句俗语在股市上十分流行:"不要告诉我在什么价位买,只要告诉我买卖的时机就会赚大钱。"对于股票投资者来说,选择买入时机非常重要。具体说来,买入时机因投资时期长短、资金多少等因素而有所不同,但也是有规律可循的。比如，在坏消息传来时，由于投资者的心理作用，股价下跌得比传闻中说的那样还厉害时，是买进股票的最佳时机；或者是企业投入大量资金用于扩大规模时，企业利润下降，同时项目建设中不可避免地会有问题产生，从而导致很多投资者对该股票兴趣减弱，造成股价下跌，这也是购进这一股票的良好时机。

▶知识链接

A股的正式名称是人民币普通股票。它是由我国境内的公司发行，供境内机构、组织或个人（不合港澳台投资者）以人民币认购和交易的普通股股票。

B股也称为人民币特种股票。它是指那些在中国大陆注册、在中国大陆上市的特种股票。B股以人民币标明面值，只能以外币认购和交易。

H股也称国企股，是指国有企业在中国香港上市的股票。

S股是指那些主要生产或者经营的核心业务在中国大陆，而企业的注册地在新加坡或者其他国家和地区，但是在新加坡交易所上市挂牌的企业股票。

N股是指那些在中国大陆注册，在纽约上市的外资股。

凯恩斯的最大笨蛋理论 —— 期货的利与弊

靠课时费攒钱，凯恩斯可算楷模。1908—1914年，他什么课都讲，包括经济学原理、货币理论、证券投资等。他因此获得的评价是"一台按小时出售经济学的机器"。凯恩斯赚课时费是为了日后能自由而专注地从事学术研究而免受金钱的困扰。然而，仅靠赚课时费是讲到吐血也积攒不了几个钱的。

凯恩斯终于明白了这个道理，于是1919年8月他借了几千英镑开始进行远期外汇投机。仅4个月时间，他就净赚一万多英镑，在当时相当于他讲课10年的收入。

"市场有风险，入市需谨慎。"在得到了第一笔资金的3个月后，凯恩斯把赚到的利和借来的本金全部赔光了。凯恩斯不死心，决心一定要赚到钱。于是，7个月之后，凯恩斯又涉足棉花期货交易，狂赌一通，大获成功。受此刺激，他把期货品种做了个遍。但他还嫌不过瘾，又去炒股票。

在十几年的时间里，他赚得盆满钵满，到1937年他因病金盆洗手的时候已经积攒了一生都享用不完的巨额财富。凯恩斯是与众不同的经济学家，他给后人留下了一个很富有解释力的理论 —— 最大笨蛋理论，这也是他自己进行投资活动的总结。

凯恩斯曾经形象地举过一个例子。让你在100张照片中选出你认为最漂亮的那张，如果你的选择与大多数人的选择相同，就会得到奖励。这样一来，我们应该怎样选择呢？

正确的做法是，不要选自己真的认为最漂亮的那张照片，而是猜多数人会选哪张，自己就选择哪张。也就是说，投机行为是建立在对大众心理的猜测的基础之上的。期货和证券的投资都是如此。

例如，你不知道这只股票的真实价值，但是你却花100元钱购买了它，因为你预测会有人花更高的价钱来从你这里买走它。美国普林斯顿大学经济学教授马尔基尔把凯恩斯的这一看法归纳为最大笨蛋理论：你之所以完全不管某个东西的真实价值，即使它一文不值你也愿意花高价买下，是因为你预期有一个更大的"笨蛋"，会花更高的价格从你这儿把它买走。

投机行为的关键是判断有无比自己更大的"笨蛋"，只要自己不是最大的"笨蛋"，自己就一定不是输家，剩下的就是赢多赢少的问题。如果再也找不到愿意出更高价格的更大的"笨蛋"把它从你这儿买走，那你就是最大的"笨蛋"。

我们可以通过历史上出现过的一些投机狂潮来进一步解释最大笨蛋理论。1593年，一位维也纳的植物学教授到荷兰莱顿任教，他带来了在土耳其栽培的一种荷兰人此前没有见过的植物——郁金香。没想到荷兰人非常喜爱郁金香并想要购买，但是，教授开出了很高的价位，让人望而却步。

一天深夜，一个窃贼破门而入，偷走了教授带来的全部郁金香球茎，并以比教授的售价低得多的价格很快把球茎卖光了。如此一来，郁金香就开始种进了荷兰人的花园中。

后来，花叶病的侵袭，让郁金香的花瓣生出一些反衬的彩色条或特殊的图案。而这样的郁金香阴差阳错地成了珍品。于是，这种带有病害的郁金香球茎售价越来越高。有人开始囤积，又有人从囤积者手里用高价买入，并以更高价卖出。

往复循环中，一些人开始一夜暴富，四周的人们也在这种神话般的致富过程中激情澎湃，积极地投入其中，无数人被卷了进来，无数人相信会有一个更大的"笨蛋"愿意出更高的价格购买他手中的郁金香。

1637年，最大的"笨蛋"出现了，持续多年的郁金香狂热迎来了最悲惨的一幕，很快郁金香球茎的价格跌到了一个洋葱的售价。

期货和证券在某种程度上也是一种投机或赌博行为。

期货与现货相对。期货是现在进行买卖，但是在将来进行交收或交割的标的物，这个标的物可以是某种商品，如黄金、原油、农产品，也可以是金融工具，还可以是金融指标。交收期货的日子可以是一星期之后、一个月之后、三个月之后，甚至一年之后。买卖期货的合同或者协议叫作期货合约。买卖期货的场所叫作期货市场。投资者可以对期货进行投资或投机。对期货的不恰当投机行为，如无货沽空，可以导致金融市场的动荡。

对于投资期货来说，有人喜就有人忧。如果能够抓住市场需求和时机，便能在交易中狠赚一笔，而那些对市场不敏感的人，可能只有赔钱的份儿了。

1720年，英国的一个家伙成立了一个皮包公司，没人知道它具体是干什么的，但是它发行期货认购时，人们快要把这家公司的办公大门挤碎了。没有人相信它有真正的获利渠道，只是预期更大的"笨蛋"出现，价格会上涨，自己会赚钱。富有戏剧性的是，牛顿也参加了认购，并且很不幸地成为最大的"笨蛋"。

不要把疯狂投机看作几百年以前人们的愚蠢，这世界上的人们其实是疯狂不断的。马尔基尔说，凯恩斯一定会在经济学家死后必去的地方窃笑。

▶知识链接

投机活动是指一些人既不是为了生产又不是为了消费，买进只是为了卖出，并从买卖差价中赚钱的活动。这主要包括房地产、股票、期货和外汇等的投机，也包括囤积居奇，制造价格差从中渔利的行为。

在一些资本主义国家，资本正变得越来越强势，最为突出的表现就是大资本对政策的影响力日益增强，所以越来越多的政策开始与寻常百姓的利益发生背离。同时，资本对舆论和市场的影响也日渐突出，政策效应往往因此被夸大甚至被扭曲。

也许直至最后，人们才会发现：市场的剧烈波动其实是既得利益者的财富放大器。而另一个不可忽略的事实将是：众多普通百姓在市场波动中惨遭资本大鳄的洗劫，他们的财富注定将被动缩水，生活质量因此每况愈下。而不参与投资与投机的人，原有财富也可能会相对缩水。有钱的人越来越有钱，没有钱的人越来越没钱。

王重阳扩招的后果 —— 多元化投资

王重阳这个人物相信大家都很熟悉，这个人不仅是历史上真实存在过的人物，而且出现在了武侠小说中。金庸的小说影响了整整一代人，他笔下的王重阳也给很多人留下了深刻的印象。在他的描述下，王重阳这个人物经过了艺术加工与塑造，形象非常饱满，他的盖世武功以及仙风道骨让读者十分难忘。

尽管王重阳有诸多的优点，他在一件事上却犯了致命的错误。

这件事便是收徒弟，他盲目扩招却不考虑如何栽培这些徒弟，导致这些徒弟在技艺上不如人，最终导致了失败。

王重阳的徒弟有很多，这些人分别是马钰、孙不二、谭处端、刘处玄、丘处机、郝大通、王处一，他们七个人就是所谓的"全真七子"。

这些徒弟来自大江南北，各有各的长处，也各有各的短处。王重阳虽然招了这么多的徒弟，他看似功德圆满，实际上他只是被一时的得失冲昏了头脑，没有考虑过招那么多徒弟所带来的后果，结果使得徒弟虽多，但实际上没有几个能得他真传的。最后这些徒弟在华山论剑中，全部输给了初出茅庐的傻小子郭靖。

王重阳看似把所有的武功都传授给了徒弟，但是徒弟并不能全部消化，加之每个人的天资不同，所以能真正运用得当的人也很少。但是郭靖不同，郭靖很有武学上的天资，所以他一人就能抵挡他们那么多的人。看到这一点，真是不得不感到惋惜。

这个小故事非常有趣，原来武侠小说里也隐藏着经济学的奥秘。

王重阳的扩招初衷是好的，但却是盲目的。他懂得"多元化投资"这个道理，但是他并没有运用好，使得他的希望落空。

多元化投资是指投资者（企业）在不同的领域、不同的产业（行业）开展投资业务，或在同一产业中投资生产不同的产品，用以扩大业务范围，开展多元化经营。多元化经营投资是企业集团增加收益机会、分散经营风险的必由之路，也是现代企业经营发展的一种趋势。

多元化投资的特点有三个：一是分开投资。其实就是在同一投资品中进行概念不同的投资策略。比如，一部分股票投资采用长线投资策略，另一部分股票投资采用短线投资策略，也是可以理解为多元化。二是组合投资。比如，一些组合投资，像有的股票、期货、基金，这样的投资组合，可以理解为是一种多元化的投资行为。三是分头出击。多元化投资的特点就是分开投资、组合投资、分头出击，目的是不要一次性被风险全部伤害。

什么样的办法都是有陷阱的，多元化投资也不例外。对于任何一家企业来讲，它的资源、资本总是有限的，而市场机会则是无限的。开展多元化投资，势必分散资源资本。

在企业集团中，一个或数个投资效益差的项目，会"一颗老鼠屎搅坏一锅汤"，影响企业集团的整个资本运行态势，导致整个企业集团的经营陷入困境。这种情况在媒体多元化投资中屡见不鲜。

在上面的小故事中，王重阳显然是掉进了多元化投资的陷阱之中，他没有了解和调查好他这些徒弟的天资与性格，只是盲目地扩招、盲目地教学，使得这些人无法消化，空有力气却没有习得高强武功的本事。他本来处于一种投资的风险之中，但是他并没有意识到。

▶知识链接

投资是指货币转化为资本的过程。投资可分为实物投资和证券投资。前者是以货币投入企业，通过生产经营活动取得一定利润。后者是以货币购买企业发行的股票和公司债券，间接参与企业的利润分配。

多元化投资的基本原则是不进入没有可能形成新优势和不能形成新的利润增长点的行业或产品。而应依托原有的基础，逐步稳妥地拓展，先围绕原有产业及相关产业拓展，逐步拓展到其他产业，这样才能在每进入一个新的行业时，都形成新的优势。

多元化可以分为相关多元化和非相关多元化，前者是指企业所开展的各项业务之间有明显的有形关联，如共同的市场、营销渠道、生产、技术、采购、信用、人才等，相关业务之间的价值活动能够共享；后者则更多的是一种无形关联，主要是建立在管理、品牌、商誉等方面的共享。

假如希特勒做你的爸爸 —— 劣质资产

提起希特勒，相信大家肯定会气得咬牙切齿。

他是引起"二战"的元凶，他上任德国总理后，开始管理纳粹党。他极端的政策，以及对犹太人的仇视，使得他发动了第二次世界大战并血腥地屠杀了非常多的犹太人，给全世界人民带来了巨大的灾难。

我们做个设想，如果希特勒是你的爸爸，这样一位父亲会留给你什么样的财产？

希特勒活着的时候非常辉煌，当时全德国人民都非常爱戴、尊重他，不止全德国人民，世界范围内的纳粹主义的拥护者都尊他为神。但是他被世界上爱好正义的人消灭之后，这位曾经辉煌的人可谓是树倒猢狲散，大厦倾了，什么都没有了。

如果有个这样的父亲，可以说你就拥有了一份劣质的资产。

资产质量是指资产的优劣程度，本质上是资产带来未来收益大小的程度。如果一个企业的净资产利润率大于(小于)行业或社会平均净资产利润率，可认为该企业的资产整体上是优(劣)质的。单位资产带来的收益率大于整体资产优质的企业平均单位资产收益率的资产可称为单个优质资产，单位收益率小于整体资产优质的企业平均收益率的资产则称为单个劣质资产。

造成劣质资产的原因有四个方面：一是会计的计价方法对劣质资产的形成有影响。二是投资决策失误造成大量劣质资产的形成，受计划经济的影响，我国的投资决策没有形成科学的投资决策机制。三是缺乏科学的管理，企业在存货、应收账款、长期投资和固定资产方面都没有严格的科学管理方法，造成这些资产的失控。四是国家产业政策的调整和法律、法规的限制。

▶知识链接

资产管理业务是指证券公司作为资产管理人，根据资产管理合同约定的方式、条件、要求及限制，对客户资产进行经营运作，为客户提供证券及其他金融产品的投资管理服务的行为。

定向资产管理是证券公司为单一客户办理的一种业务，是指证券公司与单一客户签订定向资产管理合同，通过该客户的账户为客户提供资产管理服务的一种业务。其中具体的投资方向应在资产管理合同中约定，必须在单一客户的专用证券账户中运营运作。

集合资产管理是集合客户的资产，由专业的投资者（券商）进行管理。它是证券公司针对高端客户开发的理财服务创新产品，投资于业绩优良、成长性高、流动性强的股票等权益类证券以及股票型证券投资基金的资产。

项资产管理业务是指投资银行为客户办理特定目的的专项资产管理业务。应当签订专项资产管理合同，针对客户的特殊要求和资产的具体情况，设定特定投资目标，通过专门账户为客户提供资产管理服务。

　　固定资产是指企业使用期限超过1年的房屋、建筑物、机器、机械、运输工具以及其他与生产、经营有关的设备、器具、工具等。不属于生产经营主要设备的物品，单位价值在2000元以上，并且使用年限超过2年的，也应当作为固定资产。固定资产是企业的劳动手段，也是企业赖以生产经营的主要资产。

帅哥的责任 —— 投资组合

这个小故事其实是一个非常有趣的笑话。

一名警察晚上到一家臭名昭著的酒吧去办案，他把车停在这家酒吧门口，准备在门口等待逮捕那些醉酒驾车的小混混们。

突然，他发现一名长得非常帅气的、醉醺醺的男人走了出来，他看到那个帅哥慢吞吞地走到汽车旁，行动迟缓地发动汽车。而警察的注意力完全被这名帅哥吸引了，完全没有注意到从酒吧里出来的一拨又一拨的人。

可是过了很久，一直等到停车场里的汽车都走完了，那个帅哥还是没能把汽车发动起来。警察这下子火了，他觉得这个人肯定是喝醉了酒的。他立马跑到那个帅哥的汽车旁，把人揪了出来，让其进行酒精测试，但是结果让人大吃一惊。

这名帅哥的酒精含量为零。

警察感到很困惑，他问那个帅哥为什么要这么做。

帅哥说："我今天的任务是吸引警察。"

看完这个故事大家会捧腹大笑吧，的确是这样的，虽然这是个笑话，但这不是个简单的笑话，这里面蕴含了一个道理：正因为那个帅哥懂得"投资组合"，才能让他的同伴顺利地摆脱警察。

投资组合是由投资人或金融机构所持有的股票、债券、衍生金融产品等组成的集合。投资组合的目的在于分散风险。

投资者把资金按一定比例分别投资于不同种类的有价证券或同一种类的有价证券的多个品种上，这种分散的投资方式就是投资组合。通过投资组合可以分散风险，即"不要将鸡蛋放在一个篮子里"，这是证券投资基金成立的意义之一。

基金投资组合有两个层次。

第一个层次是在股票、债券和现金等各类资产之间的组合，即如何在不同的资产当中按比例进行分配。

第二个层次是债券的组合与股票的组合，即在同一个资产等级中选择不同品种的债券和不同品种的股票并分配不同的权重。

为了保障广大投资者的利益，基金投资必须遵守组合投资的原则，即使是单一市场基金也不能只购买一两种证券。有些基金的条款就明文规定，投资组合不得少于20个品种，而且买入每一种证券都有一定比例限制。投资基金积少成多，因而有力量分散投资于数十种甚至数百种有价证券中。正因如此，基金风险大大降低。

市场持续震荡，风险凸显。在选择基金进行理财投资时，秉承"把一堆鸡蛋放在多个篮子里"的理念，基金组合应结合自身所处生命周期、承受风险能力与投资期限而投资多只类型不同的基金，均衡风险管理，增强投资的稳定性，使基金投资在各个阶段都能获得较好的收益，而不能简单地将股票型基金累计相加。

投资人选择基金作为自己的投资组合要注意六个方面：要有自己的

投资理念；明确目标持续性投资；投资一定要有核心组合；投资指数基金；不要将同类型基金做组合；投资的期望值不要过高。

▶知识链接

基金投资是一种间接的证券投资方式。基金管理公司通过发行基金份额，集中投资者的资金，由基金托管人（具有资格的银行）托管，由基金管理人管理和运用资金，从事股票、债券等金融工具投资，然后共担投资风险、分享收益。

分散投资也称组合投资，是指将资金同时投资在不同的资产类型或不同的证券上。分散投资引入了对风险和收益对等原则的一个重要的改变，分散投资相对单一证券投资的一个重要的好处就是，分散投资可以在不降低收益的同时降低风险。

风险管理是指在一个肯定有风险的环境里把风险减至最低的管理过程。

价值型基金是指以追求稳定的经常性收入为基本目标的基金，主要以大盘蓝筹股、公司债券、政府债券等稳定收益证券为投资对象。

债券基金又称为债券型基金，是指专门投资于债券的基金，它通过集中众多投资者的资金对债券进行组合投资，寻求较为稳定的收益。根据中国证监会对基金类别的分类标准，基金资产中80%以上投资于债券的为债券基金。债券基金也可以有一小部分资金投资于股票市场，另外，投资于可转债和打新股也是债券基金获得收益的重要渠道。

借"洋"鸡生"土"蛋 —— 境外投资

快餐行业，可能是近几年发展最快的了。从肯德基、麦当劳到中式快餐的出现，都在繁荣着中国快餐市场。有关部门曾经做过调查，在中国的餐饮界，排名第一的是以肯德基等洋快餐为主体的百胜中国控股有限公司，2020 年收入超过 80 亿美元。

中国快餐业的主体当然是中式快餐，但以肯德基、麦当劳和意大利比萨为主的西式快餐早已被越来越多的中国消费者接受，它们毫无疑义地应成为中国快餐业的组成部分。不少人认为，中国快餐的成长与发展，理应有洋快餐一半的功劳。

外国的快餐文化起步很早，相对于中国餐饮的精耕细作，国外快餐更能符合快节奏的社会需要。因此，自从国外快餐业加入中国市场，中国快餐行业才有所起步。同时，国外的快餐企业已经取得了很多经营经验，这对于我国的快餐行业具有很强的借鉴和学习意义。

从上面的例子中可以看出，借助国外快餐业的经营理念、管理模式和相关经验，我们可以把富有中国特色的传统小吃和点心等快餐资源做成中式快餐，并进行更进一步的发展。事实上，这就是我们常说的俗语

"借鸡下蛋",即借别人的鸡,下自己的蛋。由此可见,将国民储蓄作为新的投资并不是唯一的办法,吸引境外资金也是一条极为重要的途径。

境外投资指投资主体通过投入货币、有价证券、实物、知识产权或技术、股权、债权等资产和权益或提供担保,获得境外所有权、经营管理权及其他相关权益的活动。

中国的境外投资从改革开放开始逐渐发展起来,从原来的单一投资主体,到后来投资主体的多样化,尤其是 20 世纪 90 年代以后,中国的境外投资呈现出了高速发展态势。

来自国外的投资形式也有很多种。比如,外国的生产实体在中国开办工厂、企业;或者允许外国人拥有部分国内企业的股份;或者是让国内的企业到境外上市,允许外国人购买其股票。

通常,作为国际组织的世界银行或者国际货币基金组织,往往都是通过从世界上的部分发达国家筹集资金,然后用这些资金为发展中国家贷款,从而加大发展中国家在文教体卫各方面的投资力度。在以和平与发展为主题的当今世界,境外投资在客观上也起着谋求各国共同繁荣的作用。

▶ **知识链接**

境外投资的基本内容具体可以从以下六个方面来理解:

1. 投资主体

进行境外投资的投资主体,包括两大类:一是中国境内的各类法人,包括各类工商企业、国家授权投资的机构和部门、事业单位等,这些机构属于中国境内的法人机构,受中国内地法律的管辖约束。另一类是由国内投资主体控股的境外企业或机构,境内机构通过这些境外企业或机构对境外进行投资。

2.投资地区

适用于境外投资项目核准的投资地区，不仅包括外国，也包括中华人民共和国所属的香港特别行政区、澳门特别行政区和台湾地区。凡在中国大陆地区之外的任何地区进行的投资，均为境外投资。

3.出资形式

境外投资所投入资产的形式十分广泛，包括货币资金的投入，股票、债券、信托凭证等金融资产的投入，各类实物资产的投入，知识产权、专有技术等无形资产的投入。由此可见，只要是向境外的资产输出行为，无论是以什么方式出现，都应按照境外投资项目核准的有关规定履行相应行政许可手续。

4.投资方式

包括各类新建项目及改扩建项目的初始投资、再投资，也包括收购、合并、参股、增资扩股等权益投资活动，同时包括对境外投资提供担保的行为。

5.投资目的

境外投资的直接体现，是获得了对境外资产或经营活动的所有权、经营管理权及其他相关权益，如收益分配权、资产支配权、资源勘探或开发权等。境外投资的目的，可以是在境外进行生产、销售、经营或研发，也可以是在境外进行融资。

6.投资领域

境外投资的行业领域，可涉及中国国内法律允许投资的国民经济各领域。

开店的米开朗基罗 —— 经济中的风险与防范

意大利佛罗伦萨在公元 1500 年采掘到一块质地十分精美的大型大理石，其自然的外观浑然天成，就像一个人像。这块大理石静静地躺在那里，很久都没有人敢动，直到有一天来了一个雕刻家。他只在石头的后面凿了一下，就感到自己没有能力驾驭这块大理石。

后来，大雕刻家米开朗基罗用这块大理石雕刻出了旷世无双的杰作——大卫像。不凑巧的是，那位先发现这块大理石的雕刻家，在石头上的那一凿下手太重了，伤及了人像的肌体，竟在大卫的背上留下了一点伤痕。

于是，面对伤痕，有人问米开朗基罗："这个人是不是太冒失了？"

意外的是，米开朗基罗微微一笑，回答说："不是这样的。如果没有前面这位雕刻家的一凿，也许就没有大卫像的诞生。因为正是他的冒险给了我更多的勇气。"

在人世间生活、决策，自然就要承担许许多多的风险。由此可见，做任何事我们都要面对潜在的风险，关键就在于我们敢不敢去冒这个险，并且少走弯路。涉及经济领域，风险的作用和危害就尤为重要。

经济风险是指因经济前景的不确定性，各经济实体在从事正常的经济活动时蒙受经济损失的可能性。它是市场经济发展过程中的必然现象。

当我们处在简单的商品生产条件下，由于交换范围狭小、产品更换周期较长，所以双方都易于把握收益，风险相对较小。但是，随着市场经济的发展、生产规模的不断扩大，产品更新速度过快，社会需求量也在变化着，那么这期间的风险性也在不断加大。

人们在不确定的条件下从事经济活动就会产生风险。通常，经济学家习惯把不确定性与风险联系到一起，但也强调这两者之间的区别。一般，风险出现的可能性可以用概率来衡量。概率越大，某种结果出现的可能性越大。

在生活中，许多风险的概率都可以根据历史数据集或相关信息来预计，比如米开朗基罗的例子。假设因大卫像的雕刻技艺十分精湛，国王奖给米开朗基罗10万元。米开朗基罗用这些钱开设了一家雕塑专卖店，每年可以获利3万元。而若把10万元用于有风险的投资，米开朗基罗可获利10万元，但一经失手就会亏损10万元。所以，米开朗基罗获利的概率就是0.7，遭遇风险的概率就是0.3。

预期收入是从事风险活动时长期平均的收入，但具体到每一次，人们都可以通过投机活动转移风险。在这个活动中，转移风险的另一种方法是购买保险。保险大多是通过把一个人的风险分摊给多人的方式，以减少个人承担的风险。通过在保险公司进行投保，在一定时期可以获得一定数目的保险费来弥补自身的风险损失。此外，有关风险管理的问题，人们大多遵循"不要将鸡蛋放在一个篮子里"的原则进行多元化投资。

▶知识链接

经济风险按其产生的原因可分为以下几类:

1. 自然风险,指自然因素,如洪灾、火灾、地震、流行性传染病等引起的风险。

2. 社会风险,指个人或团体在社会上的行为,如偷盗、战争、政治动乱等引起的风险。

3. 经营风险,指商品在生产或销售过程中,因经营管理不善或市场供求等因素引起的风险。

第九章

为什么女模特要比男模特挣得多
——职场经济学

为什么女模特要比男模特挣得多 —— 劳动力市场

记得有人说过,越是在经济萧条的时候,口红的销量越高。原因在于经济萧条时,不考虑其他因素,许多人在缩减各种开支的同时,为了满足最基本的需要,都会选择购买口红。

当下,尽管各种经济问题依然不断出现,但时尚界的活跃程度却丝毫未减。2009年,《福布斯》发布了年度十大最赚钱的模特榜单。

连续5年收入位居榜首的是巴西超模吉赛尔·邦辰,年收入2500万美元;德国超模海蒂·克鲁姆以1600万美元的年收入位列第二;英国超模凯特·莫斯以850万美元位列第三;巴西名模阿德里亚娜·莉玛以800万美元进账位列第四;第五名是年收入600万美元的巴西名模亚历山大·安布罗休;第六名是荷兰名模杜晨·科洛斯;第七名是俄罗斯名模娜塔莉·沃加诺娃,年收入550万美元;第八名是加拿大著名模特达利亚·沃波伊,年收入450万美元;第九名为年收入300万美元的澳大利亚模特米兰达·可儿;第十名是美国名模卡洛琳·莫非。

仔细观察这个排行榜我们会发现,竟然没有一名男模特登上榜单。为什么女模特的收入远比男模特要高呢?人们陷入了深深的思考。

劳动力市场，又称人才市场、劳动市场、劳工市场、职业市场、就业市场、求职市场、招聘市场、人力市场等，是指劳工供求的市场。

其实，在上面故事的最后，让我们陷入深思的问题并不难理解。在当今经济、社会活动中，众多的劳动力使企业在选择和任用上大多实行竞争机制。而这种竞争机制让雇员的工资与他们为雇主在盈亏平衡点之上所创造的价值大致成正比关系。也就是说，一个人的工资和他为老板创造的利润成正比。员工为老板创造的利润越多，收入就越高；相反，工资则越低。如此，我们很容易便能理解为什么从事有些职业的员工的工资收入每年可达上百万元，而有的职业的员工的月工资只有几千元。女模特比男模特收入高，也遵循着这样的道理。

我们都知道，在时装产业，女装产业的市场和发展潜力远比男装产业的市场和发展潜力要大得多。如此，市场和发展前景较大的必然利润就可观一些。对于女装的制造者来说，在最能展现服装魅力的模特们身上花钱，一切都在情理之中。

在许多时装杂志上我们都能看到数以百计的女模照片。在这样美女如云的环境中，杂志很好地吸引住了读者的眼球。杂志的销量好了，模特们的收入自然就高了。

相比之下，男模特的附加值就显得十分暗淡了。首先，市场上的男士时装杂志很少，而且男装产业的市场规模一直都不如女装的大。这样一来，男模特的收入自然没有女模特高。

此外，女模特在化妆品、护肤品的广告上，在服饰等产品的宣传上都可以为制造商创造很大的利润。可以说，这样的市场行情，使女模特们，尤其是知名的女模特们，想没有高收入都难。

▶知识链接

职业介绍所是为失业人员介绍就业的机构,又称失业介绍所、劳动介绍所。其任务是进行就业登记,掌握劳动力资源,介绍、安排劳动力就业,监督劳动者与用人单位双方共同遵守劳动合同和协议,对闲散劳动力进行组织、管理,提供业务技术培训和政治思想教育。

职业介绍所在20世纪初产生。西方的职业介绍所分官办和民办两种。最初制定职业介绍办法的是英国的《职业介绍法》。1949年以前,中国也曾设有用人介绍所,那是官僚资本家以介绍就业为名盘剥失业工人的机构。

中华人民共和国建立之初,为解决以前遗留下来的失业问题,国家劳动局下设劳动介绍所,1958年以后逐步撤销。1963年,在国家的带领下,这一机构又得以重建。之后曾一度撤销。1978年开始建立劳动服务公司,基本上具有职业介绍所的职能。现阶段,在中国劳动就业问题比较突出,存在大量失业人员的情况下,逐步恢复和发展这一组织机构,对改革劳动制度、合理安排劳动力等都具有积极的作用。

为什么有些企业愿意支付高工资 —— 效率工资

一家生产电信产品的公司，在创业初期依靠一群志同道合的朋友从早到晚卖力工作而迅速发展起来。几年之后，该公司的员工由原来的十几人发展到几百人，业务收入由原来的每月十来万元增长到每月上千万元。但随着企业规模的扩大，公司领导明显感觉到大家的工作积极性越来越低。

作为公司的领导者，为了能够经营好来之不易的公司，老总特意参加了一些企业管理者培训班，并为此买了许多管理方面的书籍进行研究。在管理方面书籍的启发下，老总决定通过实行"高效率，高工资"的方式，借着高薪来提高员工的工作意愿，最终达到提高效率的目的。

他想，现在公司发展到了一定规模，确实应该考虑提高员工的工资待遇了。提高工资待遇水平，一是对公司老员工工作的回报；二是可以吸引高素质人才加盟公司。于是，一场提高员工工资标准的行动大张旗鼓地展开了。

高薪的效果果然明显。公司很快就聚集了一大批有才华、有能力的人。在这种高涨的士气下，公司的员工工作起来都很卖力气。

效率工资是指企业付给员工的高于市场平均水平的工资，这样的工资能够起到有效激励专业人员的作用，可以提高生产率与企业经营绩效，因此，这样的高工资就是效率工资，也就是在这样的工资水平下，劳动力成本的相对收益是最高的。简单地说，效率工资，就是企业或其他组织支付给员工的比市场平均水平高得多的工资，促使员工努力工作的一种激励与薪酬制度。其主要作用是吸引和留住优秀人才。

在理论上，人们对效率工资的确切理解是：效率工资是单位效率上总劳动成本最小处的工资水平，即效率工资保证了总劳动成本最低。由于效率工资具有可以相对激励员工努力工作、对企业忠诚的效用，能够提高员工偷懒的成本，具有激励和约束的双重作用。采用了效率工资后，员工努力工作的动机增强，而偷懒、欺骗等败德行为的动机则有所降低，企业发生员工败德行为的概率趋于下降，减少了相应的监控成本。

采用效率工资制度有助于解决企业监控困难。在效率工资理论中有一个基本假定：企业的效率工资是用来交换员工加倍工作的，而员工的加倍工作也是用来获取企业的高工资。社会关系中的互惠原则是效率工资起作用的基本条件。

提高效率工资的激励效用，促进劳动力市场的健康发展，尽管这里边有政府不可推卸的责任，但是作为一个企业，也要遵循这个规则，完善市场秩序，提高自身的效率工资激励制度。

▶ **知识链接**

工资是指用人单位依据国家有关规定和劳动关系双方的约定，以货币形式支付给员工的劳动报酬，如月工资、季度奖、半年奖、年终奖。

但依据法律、法规、规章的规定由用人单位承担或者支付给员工的下列费用不属于工资：社会保险费；劳动保护费；福利费；用人单位与员工解除劳动关系时支付的一次性补偿费；计划生育费用；其他不属于工资的费用。 在政治经济学中，工资本质上是劳动力的价值或价格。工资是生产成本的重要部分。

分粥为什么这么难 —— 效率与公平

在没有称量工具也没有标注刻度的容器的时代，有 7 个很平凡的人在一起共同生活。除了一点很正常的自私心理，他们都没有什么不良居心。日子一天天过去，平等而和谐的生活让他们感觉很快乐。然而，世上没有十全十美的事情，每天进餐时的分粥问题一直是令他们每个人都感觉很头疼的事，关于分粥，他们尝试过很多种方法。

起初，7 人经过商议，决定从他们中间选一个人出来，专门负责分粥事宜。但是，具体实行起来，大家都发现，这个专门负责分粥的人，每次为自己分的粥都是最多的。他们相信肯定会有一个人非常可靠，于是，他们又通过投票改选过几次，但每一次，主持分粥的人的碗里，粥都是最多的。

既然请人专门分粥不行，干脆就大家轮流主持分粥吧，每人一天。这样决定的结果是，每个人都有了给自己多分粥的机会。如此，看似平等的分粥问题，事实上存在着更大的弊端 —— 每个人在一周中只有在自己主持分粥那天是吃得最饱的，而其余没有权利主持分粥的 6 天，他们都只能忍饥挨饿。

那么，还是回到最初的状态，由一个大家最信赖的人专管分粥吧，不过，这一次要让他们的组长担任这个重要岗位。组长走马上任了。最初的几天，组长还能坚持公平与平等，但后来几天，奉承和献殷勤的人增多了，一向德高望重的他一样在分粥过程中多少出现了不均的情况。

被苦恼充斥的7个人再次回到桌旁展开了讨论。这一次，他们决定建立一个分粥委员会和一个监督委员会，目的是形成一个完善的监督和制约体制。在他们的煞费苦心之下，公平终于做到了，可由于监督委员会常提出了多种议案，等分粥完毕时，粥都凉了。

或许是这几次尝试让7个人在不同程度上都积累了一定经验，解散了监督委员会的他们，决定在轮流值班分粥的方法上进行一次改革。

还是每个人轮流值班，但是分粥的那个人要最后一个领粥。大家原本以为这个提议会像前面几次一样，很快就宣告结束。但令人惊奇的是，在这个新制度下，7只碗里的粥每次就像用科学仪器称过一样，都是一样多的。原来，在这个崭新的机制下，每个主持分粥的人都认识到，如果7只碗里的粥有多有少，他确定无疑只能拿到那份最少的。

针对7人分粥的故事，如果把粥看作一种资源，那么，如何把粥这个有限资源的优势发挥到最大，又如何把粥分得更均匀的问题，就涉及效率与公平的概念。让我们首先来认识一下什么是效率与公平。

效率就是人们在实践活动中的产出与投入的比值，或者叫效益与成本之比值。比值大效率就高，即效率与产出或者收益的大小成正比，而与成本或投入成反比。也就是说，如果想提高效率，必须降低成本投入，提高效益或产出。

公平是指人与人之间的利益关系及利益关系的原则、制度、做法、行为等都合乎社会发展的需要。公平是一个历史范畴，不存在永恒的公平，在不同的发展阶段，人们对公平的观念是不同的。

有人说，效率与公平的关系，实质就是如何把蛋糕做大，又如何把蛋糕分得更均匀。凡事涉及效率与公平，我们一定要寻求一个二者的最佳契合点，以实现效率，促进公平。尽管令效率与公平完美结合并不是一件容易的事，但我们既不能只强调效率而忽视公平，也不能因为公平而不要效率。

经济学家的思维较其他人总要多些理性。对于经济学中绕不过去的效率与公平的话题，经济学家普遍认为，强调二者中的任何一个都难免要付出牺牲其一的代价。因而，绝大多数人都希望同时实现的效率与公平，事实上会出现一种两难的处境。

有两个很要好的小朋友特别喜欢自己动手用橙子来制作自己喜欢吃的美食。一天，他们将一同买回的橙子放在桌上，其中一个小朋友负责将橙子切开，另一个小朋友则只管选橙子。最后，按照之前商定好的方法，两人各拿了一半橙子，十分开心地跑回各自家里。

其中一个小朋友喜欢喝橙汁，于是，他把拿到的半个橙子剥掉皮，只将果肉放进了榨汁机里。而另一个小朋友喜欢吃橙味蛋糕，于是他选择将橙味更浓的橙皮磨成碎末，混在面粉里烤成了蛋糕。蛋糕烤熟后，他顺手将半个橙子剩下的果肉扔进了垃圾桶……

两个小朋友拿到了属于各自看似公平的一半橙子，而且通过加工，都得到了自己想要的美食，然而，他们各自得到的东西却没有物尽其用。表面上看似公平，却并未达到双方利益的最大化，即资源利用效率并没有达到最优。

这个故事在帮助我们理解效率与公平二者的关系问题的同时，也给了我们一定的启示——在现实生活中，我们既不能一味地讲求效率，同时，对于公平的理解，我们也要脱离"绝对公平"的桎梏。

公平永远是相对的，世界上没有绝对的公平。在公平与效率很难两全的情况下，经济学家做出了大致分工，即坚持"市场讲效率，政府讲公平"的策略，要求政府尽快建立全面的社会保障体系，而市场依旧偏重效率竞争，这在一定程度上避免了效率与公平的困扰。

▷▶知识链接

生产率是用来表示产出与投入比率的术语（总产出与劳动投入的比值）。如果相同数量的投入生产了更多的产出，生产率就提高了。劳动生产率的提高是技术进步、劳动技能改善和资本深化的原因。

办公室里的主角和龙套 —— 二八法则

一篇文章说：每个办公室里，都有充满野心想往上爬的人，也有只想偷懒、胸无大志的小职员。由此，办公室里只有两种角色 —— 主角和龙套，这不是命运决定前途，而是你的志向决定命运。

甲、乙、丙三人是一起进入公司销售部工作的，三人都是高才生，但出身却截然不同。

甲来自农村，通过刻苦努力和亲朋好友的帮助才上了大学，他成绩顶尖，面试时以第一名的身份被录用。

乙就是本市人，家境虽然一般，但是衣食无忧，一毕业后就直接来到了公司。

丙是三人中家世最好的一个，他父亲只和公司董事打了个招呼，没参加面试就直接进了公司。

三个人都是在公司的销售部工作。因为出身不好的关系，甲给自己定了目标，要在一年内混出样子来，至少坐上副主管的位子。丙也有野心，瞄准的也是销售部副主管的位置。唯有乙的志向不大，他好逸恶劳，本着多一事不如少一事的原则，能闲着就绝对不主动干活。

公司派业务单子时，甲和丙总是挤破头似的抢，每次都争抢得面红耳赤。乙坐在中间，一言不发，不争也不抢，领导给就做，领导不给就不做。几个月过去了，销售部主管甚至是销售部经理都知道，部门里最拼的是甲和丙，而最闲的是乙。

终于有一天，主管丢下来一张"死单"。这是公司销售部里惯用的名称，意思是这张单子铁定谈不成，弄不好还会被投诉。

例会时，主管拿出了那张"死单"，问谁愿意接。这时几乎所有人都把目光投向了甲和丙。主管也侧头征求两人的意见。但听到甲和丙都说自己手里的单子很多很忙，主管在表示理解的同时，突然想起了乙。主管的目光落在了乙的身上："就你做吧。"

"我？"乙张口结舌。不出所料，乙没有谈成那张单子，而且还被客户投诉，乙因此受到经理点名批评。在随后的几个月内，乙拿到手上的，不是"清水单"就是类似的"死单"，苦不堪言。

乙一直觉得甲和丙天天抢着干活太笨，但例会时大家等着两人继续抢单子时，两个人却表现出一副忙碌的样子。甲和丙绝对是这个部门内最聪明的人，他们因为有野心，胸怀志向，所以才拼命干活，要尽快做出成绩。而工作，恰恰是职场上最好的掩护，干活越多的人，就越有挑选工作的资格，他们可以在遇到"死单"和"清水单"的时候做出一副忙碌的样子以求自保。如果你是上司，也肯定不会将麻烦事交给手下最得力也最能产出效益的员工。

这是为什么呢？

二八定律也叫帕累托定律，是19世纪末20世纪初意大利经济学家帕累托发现的。他认为，在任何一组事物中，最重要的只占其中一小部分，约20%，其余的80%尽管占多数，却是次要的，因此又称

"二八法则"。

1897年，意大利经济学者帕累托偶然发现，现实社会中20%的人占有80%的社会财富，即财富在人口中的分配是不平衡的。同时，人们还发现生活中存在许多不平衡的现象。因此，二八定律成了这种不平等关系的简称，不管结果是不是恰好为80%和20%（从统计学上来说，精确的80%和20%不太可能出现）。据此，帕累托提出了"重要的少数与琐碎的多数"的原理，要求人们按照事情的重要程度来编排行事的次序。

二八法则被推广至社会生活的各个部分，且深为人们所认同。在经济学界，80%的销售额是源自20%的顾客。应用二八法则分析前面的故事，我们可以得知：

每个上司其实都懂得二八法则，都知道80%的效益出在20%的人身上，所以甲和丙永远能得到最优厚的业务单，这是他们野心的回报。而一心要做个普通职员的乙，只接主管派下来的工作。一个永远接受指派任务的人，是没有资格选择拒绝的。所以乙的下场很明显，他就是甲和丙的垫脚石。这几个月，主管不断给他"死单"，就是整他、给他穿小鞋。

在这三个人里，甲来自乡下，按理说他才是小人物。但职场上并没有人看你的出生地，甚至没那么在乎你的学历。真正重要的是，你自己想当龙套还是主角。

▶ 知识链接

长尾理论是网络时代兴起的一种新理论，由美国人克里斯·安德森提出。长尾理论认为，由于成本和效率的因素，当商品储存流通展示的场地和渠道足够宽广，商品生产成本急剧下降以至于个人都可以进行生产，并且商品的销售成本急剧降低时，几乎任何以前看似需求极低的产品，只要有人卖，都会有人买。这些需求和销量不高的产品所占据的共同市场份额，可以和主流产品的市场份额比肩，甚至更大。

非优秀员工也被老板重视 —— 木桶理论

阿喀琉斯是古希腊神话中一位被人们奉为战神的英雄。传说在他出生之后，他的母亲——海神的女儿特提斯，白天用酒精擦拭他的身体，夜里将他放在神火中煅烧，并且提着他的脚跟把他浸泡在冥界的斯提克斯河中，使他获得刀枪不入之身。

但是，因为在河水中浸泡时，他的脚跟是被母亲握着的，所以只有他的脚跟没有被河水浸泡过。这可以说是他全身留下的唯一的一处致命弱点。后来成长为男子汉的阿喀琉斯在特洛伊战争中屡立战功，所向无敌。但特洛伊王子帕里斯知道了阿喀琉斯脚跟上的弱点。于是，他便从远处向阿喀琉斯的脚跟处放暗箭。

有着神射手之称的帕里斯刚好用箭射中了阿喀琉斯的后脚跟。瞬间，一位大英雄倒地毙命。

可以很遗憾地说，阿喀琉斯的死，源于自身唯一的弱点——未被河水浸泡过的脚跟。

在这里引用古希腊神话传说故事，是为了更好地说明经济学中非常著名的木桶理论。

木桶理论是指，把一只木桶盛满水，必须使每块木板都一样平齐而且无破损。如果这只桶的木板中有一块不齐或者某块木板上有破洞，这只木桶就无法盛满水。因此我们说，一只木桶能盛多少水，并不取决于最长的那块木板，而是取决于最短的那块木板。所以，木桶理论也被称为短板理论。

根据这一核心内容，木桶理论还有三个推论。

其一，只有桶壁上的所有木板都足够高，木桶才能盛满水；如果这只木桶里有一块木板不够高，木桶里的水就不可能是满的。

其二，比最低的木板高的所有木板的高出部分都是没有意义的，高得越多，浪费越大。

其三，要想提高木桶的容量，就应该设法提高最低的木板的高度，这是最有效也是唯一的途径。

一个人成就的大小，就像木桶盛水的多少一样，往往不是取决于他的长处有多长，而是取决于他的短处有多短。他的长处能表明他有这方面的长处，仅此而已，并不能代表他在这方面就会有所作为，而他的短处往往决定他在这方面成就的大小。

有这样一个故事。乔·汉姆刚到武馆训练时，由于技术和经验不足常常挨打。他企图使诈，可总是无济于事。

一天，帕克请他到办公室，随手拿起一支粉笔在地上画了一条线，问道："假如是你，你怎样才能把这条线弄短？"汉姆仔细端详了一阵后，给出了几个答案，包括把线截成几段。谁知帕克却大摇其头，画了一条长于此线的线，接着问："现在你看头一条线怎么样啦？"汉姆恍然大悟地回答："哦，短了。"

一个优秀的管理者，必须善于发现自己负责管理的系统中的"短木板"，敢于揭短，善于补短，才能大大提高工作效率和经济效益。

著名管理顾问奥斯汀指出，如果企业过多地将焦点放在特别优秀的员工身上，而忽略了其他的普通员工，会打击这个团队的士气，就会失去让优秀员工领导普通员工来发挥团队精神的基础。企业必须懂得善用优秀员工所长，同时不扼杀其他员工的贡献。

当然，我们强调关注普通员工，并不是指那些优秀员工不用关注，而是说什么事都不能走向绝对化或顾此失彼。

李嘉诚曾说过："大部分的人都会有部分长处部分短处，就好像大象的食量以斗计，蚂蚁用一个小勺便足够。各尽所能、各得所需，以量才而用为原则；又像一部机器，假如主要的机件需要用500匹马力去发动，虽然半匹马力与500匹相比是小得多，但也能发挥其一部分作用。"

▶**知识链接**

多腿凳定律又称长板理论，指一个拥有多条长短不一凳腿的板凳如果想要尽可能地平稳，不应该去垫高最短的腿，而是消减最长的凳腿。在凳面范围内加大凳腿之间的距离也能起到增加稳定性的作用。

高收入者的薪水比普通人涨得更快 —— 马太效应

在一个小山村里，有个老头和他的儿子相依为命。一天，老头的一个朋友约翰前来看他，约翰看到朋友的儿子已经长大成人，就对老头说："亲爱的朋友，让我带你的儿子到城里去工作吧。"

约翰本以为朋友会欢天喜地地答应，却不想老人对他摇摇头，说："不行，绝对不行！"

约翰笑着说："我在城里给你的儿子找个对象，可以吗？"

"不行，我从来不干涉我儿子的事。"老人边摇头边说。

"可这姑娘是罗斯切尔德伯爵的女儿。"

"那么……如果是这样的话……"

约翰又找到了罗斯切尔德伯爵："尊敬的伯爵先生，我为你的女儿找了一个条件十分好的丈夫。"

"可是我的女儿太年轻了，还不到结婚的年纪！"伯爵说。

"可这位年轻的小伙子是一家银行的副总裁。"约翰依旧微笑着说。

"如果是这样的话……"

又过了几天，约翰找到了那家银行的总裁，并对他说："您该马上任命一个副总裁。"

"这里的副总裁太多了，不可能任命这么多副总裁！"总裁说。

约翰说："如果这个要任命的副总裁是罗斯切尔德伯爵的女婿，可以吗？"

"如果是这样的话，我欣然同意。"总裁先生说。

于是，农夫的穷儿子摇身一变，成了巨富人家的女婿，并同时成了一家银行的副总裁……

"宁可锦上添花也不雪中送炭。"在上面的故事中，约翰正是利用人们的这种心理促成了一桩婚事。而这种现象，用西方的学术观点来解释则为"马太效应"。

马太效应，指强者愈强、弱者愈弱的现象。其名字来自圣经《新约·马太福音》中的一则寓言："凡有的，还要加倍给他叫他多余；没有的，连他所有的也要夺过来。"

具体说来，马太效应是指好的愈好、坏的愈坏，多的愈多、少的愈少的一种现象。社会学家从中引申出了马太效应这一概念，用以描述社会生活领域中普遍存在的两极分化现象。

在现代社会中，我们常听到人们说"富人越来越富，穷人越来越穷"。而在一个企业中，我们常会看到高收入者的薪水反倒总比低收入者的薪水涨得快的现象。其实，这也正验证了马太效应。

所以说，贫困是不公平的后果，而不是市场的产物。富人对经济资源配置的控制力是财富的主要来源。经济学的灵魂是自由和公平，这也是市场经济蓬勃发展的内在动力，因此，只有还穷人以"起点的公平"，才是经济学家履行社会职责的方向。

在现实生活中，一个人如果获得了成功，什么好事都会落到他头上。

大丈夫立世，不应怨天尤人，人最大的敌人是自己。态度积极，主动执着，那么你就赢得了物质或者精神财富，获得财富后，你的态度更加强化了你的积极主动性，如此循环，你才能把马太效应的正效果发挥到极致。

▶知识链接

1968年，美国科学史研究者罗伯特·莫顿首次用"马太效应"来描述一种社会心理现象："相对于那些不知名的研究者，声名显赫的科学家通常得到更多的声望，即使他们的成就是相似的。同样地，在同一个项目上，声誉通常给予那些已经出名的研究者。例如，一个奖项几乎总是授予最资深的研究者，即使所有工作都是一个研究生完成的。"

罗伯特·莫顿将马太效应归纳为：任何个体、群体或地区，一旦在某一个方面（如金钱、名誉、地位等）获得成功和进步，就会产生一种积累优势，就会有更多的机会取得更大的成功和进步。此术语后为经济学界所借用；社会心理学领域也经常借用这一名词。

第十章

好生意不靠碰撞而是靠技巧
——管理经济学

处于淡季的航空公司 —— 固定成本与可变成本

米兰女士是一家航空公司的股东。一次，在乘坐自己公司的飞机时，她意外发现，机舱内的 200 个座位中，只坐有 40 个人。随后，她在这一时期碰到了好几次类似的情况。于是，她开始为公司担忧起来。忧心忡忡的她最终决定找学经济学的朋友聊聊，请他帮忙分析一下，是否该把手中持有的公司股票抛出。

针对米兰的忧虑，她学经济学的朋友查尔斯是从经济学中"短期"与"长期"的区别进行分析的。在经济学中，"短期"和"长期"并不是一般所说的时间长短的概念，而是指生产要素的变动性。在"短期"中，生产要素分为固定生产要素和可变生产要素。

固定生产要素是不随变量变动而变动的生产要素。就航空公司而言，飞机、工作人员等，无论飞行次数、乘客人数多还是少，这些生产要素都是不变的。

可变生产要素是随产量的变动而变动的生产要素，如飞机飞行所耗费的油料以及乘客人数和飞行次数的变动所产生的生产要素等。

在"长期"中，一切生产要素都是可变的，飞行次数多、乘客人数多则可以多购进飞机、多雇用工作人员。难以维持经营时，则可解雇工作人员或者卖掉飞机。对每个企业而言，由于其所用固定生产要素与可变生产要素多少不同、调整的难易程度不同，"短期"与"长期"的时间长度也不同。对于民航公司来说，"长期"的时间要长一些。

因此，"长期"中成本都是可变的，但"短期"中成本要分为固定成本与可变成本。用于固定生产要素的支出（如民航公司的飞机维修费、工作人员的工资）是固定成本，用于可变生产要素的支出（汽油费）是可变成本。这两者之和为短期总成本。而分摊到每位乘客的成本为平均成本，包括平均固定成本与平均可变成本。

和其他企业一样，如果从长远来看，航空公司的收益大于成本，就有利润；如果收益等于成本，就无利润；如果收益小于成本，就会破产。只要收益与成本相等就可以维持下去。这个道理谁都懂，但关键是在"短期"中，航空公司能维持下去的条件是什么？

米兰的朋友告诉米兰，她所持股票的航空公司仍在经营，说明票价肯定高，至少等于平均可变成本。公司买的飞机短期内无法卖出去，雇用的工作人员也不能解雇。即使不飞行，飞机折旧费和工资仍然是要付的。尽管乘客不多，但这些乘客带来的收益大于或等于飞行时汽油及其他支出，公司就可以继续经营下去。

▶ **知识链接**

变动成本：在一定销售额的范围内，随着销售产品数量增减而同步变化的成本。

变动成本通常包括提成和奖金、邮寄费、运输费、部分税收（增值税）、交通费、广告和销售促进费等。

利益联姻还是大鱼吃小鱼 —— 合作兼并需谨慎

在李嘉诚的发家史中，用旗下的长江实业收购和记黄埔无疑是一个成功的壮举，这一壮举为他成为华商首富奠定了基石。

和记黄埔由两部分组成，一部分是和记洋行，另一部分是黄埔船坞。1975年8月，为了充实资本，和记洋行以三分之一股权的代价获得汇丰1.5亿港元的注资。汇丰于1977年将其改组为和记黄埔有限公司。

李嘉诚在这个时期也开始了自己的收购计划，对于这一切他早就心中有数，但他没有着急收购和记黄埔，以目前的流动资金未必能购得足够的股票以保证绝对的控股地位，于是，李嘉诚秘密会见了当时的船王包玉刚，提出他想将九龙仓股票转给包玉刚，而包玉刚则要将和记黄埔的1000万股股票给李嘉诚，并帮助李嘉诚收购和记黄埔。这时李嘉诚的目的明显了，他的收购已经完成了一半。

接下来李嘉诚做的事情更彰显出了他的智慧，他顺水推舟，放弃收购九龙仓，没有得罪汇丰，同时，李嘉诚以每股7.1港元的价格获得汇丰手中9000万股和记黄埔的股票。这下李嘉诚以自己仅1亿港元的资产就控制了价值62亿港元的和记黄埔，成为香港第一个控得洋行的华人。从这件事情开始，李嘉诚的事业走上了顺风顺水的道路。

这个反映了李嘉诚超凡的经济学头脑的小故事向我们揭示了一个道理：合作兼并必须要谨慎。

兼并重组是指在企业竞争中，一部分企业因为某些原因无法继续正常运行，考虑到员工等各方面利益，按照一定的程序进行的企业兼并和股权转让，从而实现企业的转型，达到企业重组的目的。

上面的小故事是一个关于合作兼并的很好的例子。在故事中，九龙仓作为一个家族企业，收购它，就预示着要处理各种各样的阻挠问题，同时还得罪了同行，付出的代价会很大。但是，如果换作和记黄埔这个公众企业，只要处理好各方面的利益，就会很顺利地接手，完成收购。兼并重组如果做得不正确的话，就可能毁掉一个公司，这个关键就在于收购的水平和收购后资产整合的能力了。

企业的兼并重组必须遵循一定的原则，要坚持企业自愿协商的原则，不受地区、所有制、行业、隶属关系的限制；必须要符合国家有关法律法规及产业政策，立足优势互补，有利于优化结构、提高经济效益；兼并方有承担被兼并企业的债务和向被兼并企业增加资金投入、盘活存量资产、搞活企业的责任；不得损害社会公共利益，不得损害债权人和职工的权益，不得形成垄断和妨碍公平竞争；符合建立现代企业制度的方向，按照新的企业经营机制运行，促进国有企业的改革改组改造，加强企业管理。

▶**知识链接**

企业文化整合就是指有意识地对企业内不同的文化倾向或文化因素进行有效的整理整顿，并将其结合为一个有机整体的过程，是文化主张、文化意识和文化实践一体化的过程。企业文化要实现从无序到有序，必须经过有意识的整合。

企业文化创新是指企业作为一种以人与人的组合为基础的经营活动主体，其经营行为必然最终都要人格化，也就是说，企业是人格化的企业，企业的所有活动最终都要靠人来执行。

正因如此，企业的制度创新、企业的经营战略的创新，最终都必然会体现在人的价值理念中，也就是以企业文化的形式表现出来。这里所讲的企业文化，就其形式来讲，它是属于人的思想范畴，是指人的价值理念；而就其内容来讲，则是企业制度与企业经营战略等与企业相关的活动在人的理念上的反映。因此，企业文化也是企业高效发展的一个极其重要的问题。

产品如人，也有生老病死 —— 产品生命周期

20世纪70年代，市场上的牙膏种类非常少，远没有现在种类丰富。大家能买到的无非就是那几种而已，所以牙膏市场并不是很红火。

就在这个时候，北京的一家日化厂很有远见地研发了一种药物牙膏，他们将中草药融入牙膏之中，使得普通的牙膏多了保健的作用，于是他们便将产品推广到市场中。产品一经推广便引起了众多消费者的好评，销量也非常好。

1978年，这种药物牙膏开始批量生产，随后这种产品便成了市场上为数不多的畅销牙膏之一。在这种情况下，厂家应该扩大生产能力，增加产品数量，满足市场需求，为自己争取更多的利润和赞誉。然而，当时的厂家领导遇到决策问题，外加现金流出现断流，使得扩大生产能力的计划成为泡影。

直到1982年，这种药物牙膏才开始扩大生产，但是从产品投入到成熟，他们用了长达3年的时间。在这个时期，药物牙膏产业异军突起，到了1985年，这种产品便出现了滞销的情况，过早地进入了衰退期。在这之后，这种药物牙膏试图以低廉的价格占据市场，但是由于原料价格上涨，企业生产成本加大，生产药物牙膏开始逐渐出现亏损局面。

这个小故事揭示了一个经济学原理——产品生命周期。

产品生命周期，简称PLC，是指产品从进入市场开始，直到最终退出市场为止所经历的市场生命循环过程。产品只有经过研究开发、试销，然后进入市场，它的市场生命周期才算开始。产品退出市场，则标志着其生命周期的结束。

产品生命周期分为"投入""成长""成熟""衰退"四个阶段，在每个阶段都必须要有特定的营销策略。如果只用一种办法对待产品，那么很容易使得产品面临被淘汰的危险。

在上面的这个小故事中，厂家在产品的生命周期第一个阶段的工作做得特别好，使得一种新兴的产品进入市场，并获得了很高的评价和利润。

在生命周期的第一个阶段，很多顾客对于新兴的产品都是非常感兴趣的，所以在这个阶段营业额也比较高。在第二个阶段，顾客对产品已经熟悉，大量的新顾客开始购买，市场逐步扩大，在这个阶段，厂家应该加大产品生产量，使更多的商品进入市场，满足消费者需求。但是在这个阶段中，厂家并没有扩大生产量，使得厂家错过了这样一个绝好的机会。在生命周期的最后两个阶段，更多的同行业的竞争者加入生产当中来，使得产品的成本降低，在最后一个周期"衰退期"中，厂家没有进行新产品研发和新技术改进，造成了产品滞销，最后变得无法继续发展。

掌握并了解产品的生命周期对于一个企业来说具有非常重要的作用，很多的产品就是因为决策者没有掌握好这个规律，使得产品不再流行，从而退出了市场。

▶ **知识链接**

产品生命周期的阶段以及特点。

投入期。新产品投入市场，便进入了投入期。此时，顾客对产品还不了解，只有少数追求新奇的顾客可能购买，销售量很低。为了拓宽销路，需要大量的促销费用对产品进行宣传。在这一阶段，由于技术方面的原因，产品不能大批量生产，因而成本高、销售额增长缓慢，企业不但得不到利润，反而可能亏损。产品也有待进一步完善。

成长期。这时顾客对产品已经熟悉，大量的新顾客开始购买，市场逐步扩大。产品大批量生产，生产成本相对降低，企业的销售额迅速上升，利润也迅速增长。竞争者看到有利可图，将纷纷进入市场参与竞争，使同类产品供给量增加，价格随之下降，企业利润增长速度逐步减慢，最后达到生命周期利润的最高点。

成熟期。市场需求趋向饱和，潜在的顾客已经很少，销售额增长缓慢直至转而下降，标志着产品进入了成熟期。在这一阶段，竞争逐渐加剧，产品售价降低，促销费用增加，企业利润下降。

衰退期。随着科学技术的发展，新产品或新的代用品出现，将使顾客的消费习惯发生改变，转向其他产品，从而使原来产品的销售额和利润额迅速下降。于是，产品进入了衰退期。

"少数服从多数"的危险 —— 阿罗不可能性定理

在美国,有一个奇怪的民族 —— 阿米绪,他们奉行15岁以上的青年就必须要离开学校,要务农劳动。因为有大量的阿米绪15岁以上的青年离开了学校,警察认为他们触犯了法律,于是就强制阿米绪青年进入学校接受教育,但是大部分的阿米绪人并不愿意,于是就爆发了警察与阿米绪人的正面冲突。

阿米绪人觉得法律伤害了自己民族的权利,于是便将这件事告上了法庭。本来这是件根本不能得到解决的事,因为阿米绪人公开对抗的是这个国家的法律,但是当时的法官做出了一个正确的决断,那就是保护阿米绪人的"不受教育权"。判决认为,全体人民的利益是不存在的,不能压倒少数人的自由,阿米绪人的"不受教育权"并没有危害社会,也没有任何理由证明有着这种独特生活方式的阿米绪人就是错误的。这场持续了很久的诉讼体现出一种精神,那就是"尊重多数,同时保护少数,不要求少数绝对地服从多数"的精神。这就鲜明地表现出一种"多数"与"少数"并重的现代民主原则。

"少数服从多数"这个原理是大家一直遵循的,但这个原理并不是在所有事情上都适用。尤其是在企业管理中，会遇到一些特殊的情况。所以，有时"多数服从少数"的原则，也是一种智慧的体现。说到这儿，我们发现了这里面隐藏着一个定理——阿罗不可能性定理。

阿罗不可能性定理是指如果众多的社会成员具有不同的偏好，而社会又有多种备选方案，那么在民主的制度下不可能得到令所有的人都满意的结果。定理是由1972年度诺贝尔经济学奖获得者阿罗提出的。

阿罗不可能性定理说明，依靠简单多数的投票原则，要在各种个人偏好中选择出一个共同一致的顺序是不可能的。这样，一个合理的公共产品决定只能来自一个可以胜任的公共权力机关，要想借助投票过程来达到协调一致的集体选择结果，一般是不可能的。

上面的这个小故事就是阿罗不可能性定理的一个很好的阐述，故事里的法官并没有遵循大多数人的意见，因为大多数人的意见并不能得到社会的赞同，而阿米绪人的选择也没有任何的危害，不能为了服从大多数人的意愿而把民主性损失掉。所以法官的这种"具体问题具体分析"的做法是非常智慧的。

阿罗不可能性定理涉及的这个问题具有很大的代表性。阿罗阐释了采取所谓多数表决的决定规则势必会随之出现独裁现象。我们通常认为多数表决是促成民主主义的决定原则，但在现实中，它却不曾起到这种作用。就民主社会而言，阿罗所谓的基于多数表达原理的投票结果有时会导致投票的悖论效应，其观点颇具有重要意义。阿罗认为，投票的悖论并非经常发生，而具有一定的偶然性。如果这种概率实在微乎其微的话，那么阿罗不可能性定理的意义就会黯然失色。

▶ **知识链接**

投票悖论指的是在通过"多数原则"实现个人选择到集体选择的转换过程中所遇到的障碍或非传递性，这是阿罗的不可能性定理衍生出的难题。公共选择理论对投票行为的研究，假设投票是那些其福利受到投票结果影响的人们进行的，投票行为的作用是将个人偏好转化为社会偏好。在多数投票原则下，可能没有稳定一致的结果。

微软垄断与反托拉斯政策 —— 垄断与反垄断法

2001年6月28日，美国哥伦比亚特区联邦巡回上诉法院做出裁决，驳回地方法院法官杰克逊2000年6月做出的将微软一分为二的判决，但维持了有关微软从事违反反垄断法的反竞争商业行为的判决。上诉法院要求地方法院指定一位新法官重新审理这一历史性的反垄断案。

需要强调的是，在美国，一家公司拥有垄断地位或企图获得垄断地位并不一定违法，但是通过"不正当行为"来获得或维持垄断地位是违法的。美国司法部正是以"从事了反竞争的不正当行为"为由对微软进行指控的。

从1990年美国联邦贸易委员会开始对有关微软垄断市场的指控展开调查算起，美国政府对微软的反垄断行动已历时10年多，其间白宫两易其主。根据司法部的指控，杰克逊曾于1997年年底裁定，禁止微软将其网络浏览器与"视窗"捆绑在一起销售，但第二年5月上诉法院驳回了杰克逊的裁决。于是，司法部于1998年5月再次将微软拖上被告席，这一次微软险些被分拆为两家公司。

与美国历史上的一些重大反垄断案相比，微软案具有显著的特点。首先，微软基本上是独立发展起来的垄断公司。而在1911年和1984年分别被分拆的美孚石油公司和美国电话电报公司则都是靠吞并竞争对手成为各自行业的"巨无霸"的。其次，微软的发展是以知识产权和知识创新为基础的。再次，微软虽然对个人电脑操作系统市场拥有绝对垄断权，但并没有利用这一垄断优势无理地抬高价格，其网络浏览器起初还是免费赠送的。

此外，这是美国进入新经济时代以来最具代表性的反垄断案件，其结局很可能成为今后高技术领域反垄断案件的一个判例。

针对这样一个具有里程碑意义的案件，美国司法部打出了"推动创新"的旗号。在杰克逊做出分割微软的判决前夕，当时的司法部部长雷诺就曾说过，对微软采取反垄断行动是为了创造竞争环境，以增加消费者的选择。这种观点得到不少反垄断问题专家的赞同。

美国布鲁金斯学会反垄断问题专家罗伯特·利坦认为，在美国的绝大部分行业中，创新是最重要的推动力，因此，微软一案必须具有开创先例的价值。美国著名经济学家、"新增长理论"的创立者保罗·罗默同样支持对微软采取反垄断行动。他认为，创新是决定消费者福利的最重要因素，而竞争比垄断更有可能带来创新。

垄断一般是指唯一的卖者在一个或多个市场，通过一个或多个阶段，面对竞争性的消费者。这与买者垄断刚好相反。垄断者在市场上能够随意调节价格与产量（不能同时调节）。垄断的原意是独占，即一个市场上只有一个经营者。

反垄断法，顾名思义就是反对垄断和保护竞争的法律制度。它是市场经济国家基本的法律制度，又称反托拉斯法。

同竞争企业一样，垄断企业的目标也是利润最大化。垄断由此带来的市场结果,从社会利益的角度来看往往不是最好的。因此,政府可以通过行政手段改善这种不利的市场结果。微软公司的官司便是证明。

其实,美国政府将促进创新作为反垄断政策的重点不仅仅体现在微软案中。前些年,司法部否决了洛克希德-马丁公司对诺思罗普-格鲁曼公司的兼并,理由就是这两大军火公司的合并将阻碍美国关键性防务技术领域的创新。

可以说,能否保持创新的活力是美国经济能否继续领先于世界的关键,因此美国反垄断政策的重点逐步地从维护价格竞争转向促进创新也就不足为奇了。

对于一个企业来说,市场占有率高并不违法,只有当企业利用在市场中的支配地位设置障碍阻止其他竞争者进入,或者以其他方式或手段,如捆绑销售等进行不平等竞争时才构成垄断行为。

▷ 知识链接

垄断优势理论:1960年美国学者斯蒂芬·海默在麻省理工学院完成的博士论文《国内企业的国际化经营:对外直接投资的研究》中,率先对传统理论提出了挑战,首次提出了垄断优势理论。这之后由麻省理工学院金德尔伯格在海默的基础上,又对垄断优势理论进行了补充和发展。它是一种阐明当代跨国公司在海外投资具有垄断优势的理论。

此理论认为,考察对外直接投资应从"垄断优势"着眼。鉴于海默和金德尔伯格对该理论均做出了巨大贡献,有时又将该理论称为"海默-金德尔伯格传统"。

菲利普·津巴多的实验 —— 破窗效应

一家生意十分兴隆的理发店的窗户破了一角。因为比较忙，老板还没来得及修理它。有天晚上，一个小男孩路过这里，看到那扇已经破了一个角的窗户，一时手痒便捡起一块石头砸了过去。这一下，大半截玻璃稀里哗啦地掉落下来。小男孩在店老板走到门口时，恰好消失在街角。虽然知道很有必要将破了的窗户修理好，但因为依旧很忙，老板还是没有理会破了大半截的窗户。

又过了几天，小男孩再次从理发店门口经过，看见那扇破窗依然没有维修，小男孩又捡起石头砸了进去。这一次，窗户上仅剩的半截玻璃也碎了。当气愤的老板听到玻璃被打碎的声音跑到门口时，小男孩早已不见了踪影。

不得已，老板只好更换了新的窗子。在这之后，为了防止小男孩再次打破玻璃，店老板悄悄地在店门口守了很多个夜晚，却再也没有看到过那个砸玻璃的小男孩。玻璃窗修好后，再也没人来丢石头砸窗子了。

破窗效应是关于环境对人们心理造成暗示性或诱导性影响的一种认识。其最早出现在克洛德·弗雷德里克·巴斯夏的文章《看得见的与看不见的》的第一节，因而他被称为"破窗之父"。

破窗效应理论是指如果有人打坏了一幢建筑物的窗户玻璃，而这扇窗户又得不到及时的维修，别人就可能受到某些暗示性的纵容去打碎更多的窗户。

日常生活中，我们也经常会有这样的体会：一面墙上如果出现一些涂鸦没有被清洗掉，很快墙上就会布满乱七八糟、不堪入目的东西；而在一个很干净的地方，人们会很不好意思扔垃圾，而一旦地上有垃圾出现，人们就会毫不犹豫地随处乱扔垃圾，丝毫不觉得羞愧；桌上的财物，敞开的大门，可能使本无贪念的人心生贪念；对于违反公司程序或规定的行为，如果有关部门没有对此进行严肃处理，就不会引起员工的重视，从而使类似行为再次甚至多次重复发生……

在管理实践中，管理者必须高度警觉那些看起来是个别的、轻微的，但触犯了公司核心价值的"小的过错"，并坚持严格依规管理。"千里之堤，溃于蚁穴。"不及时修好第一扇被打碎玻璃的窗户，就可能会带来无法弥补的损失。

▶ **知识链接**

美国斯坦福大学教授、心理学家菲利普·津巴多于1969年进行了一项实验。他找来两辆一模一样的汽车，把其中的一辆停在加州帕洛阿尔托的中产阶级社区，而另一辆车停在相对杂乱的纽约布朗克斯区。停在布朗克斯的那辆车，他把车牌摘掉，把顶棚打开，结果车当天就被偷走了。而放在帕洛阿尔托的那一辆车，一个星期也无人理睬。后来，津巴多用锤子把那辆车的玻璃敲了个大洞。结果，仅仅过了几个小时，车就不见了。

235

以这项实验为基础，政治学家威尔逊和犯罪学家凯琳提出了"破窗理论"。该理论认为：如果有人打碎窗户玻璃，而又不及时去维修，别人就可能去打碎更多的窗户。久而久之，这些破窗户就给人造成一种无序的感觉。在这种公众麻木不仁的氛围中，犯罪就会滋生、猖獗。

小孩为什么不来玩了 —— 激励制度

这里有一个很有趣的故事。

一个非常好静的老人在环境优美的市郊选择了一个住处,为此,他感觉很满足。但是,这里每天中午都会跑来一群孩子。他们在树丛里捉迷藏,在小河边嬉闹,这群孩子每天都会吵吵闹闹到很晚才离去。

喜欢安静的老人十分讨厌这些小孩子,他不希望这些孩子破坏他原本安适的生活环境。但是他想,如果直接将孩子们撵走,恐怕正处在叛逆期的孩子们不会听他的话,反会产生相反的效果。左思右想,老人终于想出了一个好办法。

这一天,他来到孩子们面前,对他们说:"孩子们,你们来陪我,我很高兴。以后,我每天给你们一人5元钱。"孩子们非常高兴。

几天后,老人再次来到孩子们中间,对他们说:"以后每天只能给你们每人1元钱了。"孩子们有些意外也有些不高兴,但还是勉强接受了。

这样日子又过了几天。这天,老人站在窗前,对凑上前来的孩子们说:"以后每天只能给你们每人1角钱了。"孩子们彻底被惹怒了:"给这么少的钱,以后我们再也不来了。"

从此,老人终于过上了安适而平静的生活。

从经济学的角度出发，如果把老人给小孩钱的行为看作对小孩们的激励，小孩接受老人的钱是为了获得个人利益的话，那么当老人对孩子们的激励逐渐减少时，小孩们都认为自己的利益受到了损害，所以不愿再来"陪"老人。

在孩子们看来，因为老人给他们钱，过来玩已经成为一种因为金钱激励而做出的行为，而当激励减少时，他们便会十分恼怒不平。可以说，聪明的老人成功运用反激励达到了自己获得安静生活的目的。

激励制度也称激励机制，是通过一套理性化的制度来反映激励主体与激励客体相互作用的方式。激励机制的内涵就是构成这套制度的要素。

一种制度把个人利益与组织整体利益统一起来，让个人在实现自身利益的同时实现了组织的整体利益，这样的制度就是激励机制。

激励机制一旦形成，它就会内在地作用于组织系统本身，使组织机能处于一定的状态，并进一步影响组织的生存和发展。

在能力一定的情况下，激励水平的高低将决定其工作成绩的高低。综合运用多种激励方法是有效提高激励水平的一大法宝。激励机制是否能产生影响，取决于激励方法是否能满足个人的需要。主要的激励方法包括以下几种：

物质激励。通过满足个人利益的需求来激发人们的积极性与创造性。物质激励效应的实现应靠相应的制度来保障，要求必须公正，不能搞平均主义，不能只对成绩突出者予以奖赏，否则既会助长落后者的懒惰情绪，也会伤害优秀者的努力动机，从而失去激励的意义。

精神激励。即内在激励，是指精神方面的无形激励，主要通过满足个人的自尊、自我发展和自我实现的需要，在较高层次上调动个人的工作积极性。精神激励主要有目标激励、荣誉激励、感情激励、信任激励、尊重激励。

任务激励。让个人肩负起与其才能相适应的重任，由社会提供个人获得成就和发展的机会，满足其事业心与成就感。

数据激励。明显的数据会让人产生明显的印象，激发其强烈的动力。数据激励，就是把各人的行为结果用数字对比的形式反映出来，以便激励先进，鞭策后进。

强化激励。对良好行为给予肯定，即正强化，使之能继续保持；对不良行为给予否定与惩罚，即负强化，使之能记住教训，不再犯同样的错误。

激励机制对个人某种符合组织期望的行为具有反复强化、不断增强的作用，在这样的激励机制作用下，组织会不断发展壮大、不断成长。

此外，尽管激励机制设计者的初衷是希望通过激励机制的运行，能有效地调动个人的积极性，实现组织的目标，但是，无论是激励机制本身不健全，还是激励机制不具有可行性，都会对一部分人的积极性造成抑制作用和削弱作用，这就是激励机制的致弱作用。

▶ **知识链接**

双因素理论即保健-激励因素理论，是由美国行为科学家弗雷德里克·赫茨伯格提出的。该理论认为，各种因素的激励深度和效果是不一样的。

小老板的困惑 —— 经营权和所有权

鉴于工作单位附近人流量比较大，小王在工作单位旁边承包了一家小饭店，并雇用了一个自认为可靠的人打理小店。每天，只有在中午或者晚上下班时，小王才忙中偷闲到小店料理一下生意或者结算一下开支。

最初营业时，雇用的代理老板还比较勤快，他只是偶尔感叹一下自己的辛苦，或夸耀一下自己的劳动回报。但随着时间的推移，日子久了，代理老板竟对小店"独当一面"起来。这时的小王才发现，代理老板早就开始假公济私、暗度陈仓了。饭前不入账、顺手牵羊拿自己店里的东西去供养自己家人等情况几乎到了屡见不鲜的程度。

小王说，自己给代理老板的工钱并不算少，但依现在的情况来看，长此以往，自己开店的本钱收不回来不说，还很可能有倒赔的风险。要是换个人来帮忙打理，也说不定新人就能做得好。要是把店关掉，自己内心又不痛快。

小王彻底困惑了……

私有企业的经营权是指董事会及经理人员代表公司法人经营业务的权利。而国有企业的经营权是指企业对国家授予其经营管理的财产享有占有、使用和依法处分的权利。

所谓经营权是指企业的经营者掌握对企业法人财产的占有、使用和依法处置的权利。企业法人只有拥有了财产的经营权，才能根据市场的需要独立做出企业的经营决策，自主地开展生产经营活动，及时适应市场的变化的所有权的一种权能。与所有权相比，经营权少了一个收益的权利。经营权是不变更生产资料的所有制性质，依法占有、支配和使用所有者的生产资料和商品的权利。

经营权在通常情况下属于所有者本人，但也可根据法律、行政命令和依照所有者的意志转移给他人，这种转移是合法的，应受到国家法律的保护。

所有权是所有人依法对自己财产所享有的占有、使用、收益和处分的权利。它是一种财产权，所以又称财产所有权。所有权是物权中最重要也最完全的一种权利，具有绝对性、排他性、永续性三个特征，具体内容包括占有、使用、收益、处置四项权利。

对经营权和所有权有了一定了解之后，我们回过头来仔细分析一下让小王感到困惑的问题。在小王这样的公司制企业中，所有权与经营权是分离的。

企业中所有者完全占有剩余的制度催生了对企业的经营者的激励制度，即所有者追求的是剩余最大，经营者追求的是自身报酬最优。小王的困惑源于代理老板的剩余索取权问题，也就是代理老板除享有工资外，还应享有饭店的最后盈余。

经营小店的代理老板和投资开办这家小店的小王就因为最后盈余问题，二者的利益相互影响。此时的代理老板，已不仅仅是投资者的帮手或管理者，还成为入股者之一。对于代理老板来说，代理老板是在以人力资本进行入股。

事实上，代理老板与纯粹的帮工是不一样的，帮工干的是主人的活，而代理老板是靠自身的才能管理小饭店，但这个小店并不属于他自己。所以，在人们认识到经营权和所有权的区分后，往往会走向极端。

▶知识链接

所有权与经营权分离，是把国家作为国有生产资料所有者的权利，同全民所有制企业作为相对独立的商品生产经营者所拥有的经营自主权，加以适当分离的一种管理制度和管理原则，是中国实行社会主义经济体制改革之后，针对全民所有制企业的管理和经营提出的一种改革原则和改革措施。

理顺所有者、经营者和生产者的关系，是促使国有企业成为自主经营、自负盈亏的社会主义商品生产经营者和市场主体的客观需要，也是建立健全经济新体制和市场经济运行机制的内在要求。其基本原则如下：

1. 政企职责分开的原则，使企业成为相对独立的经济实体。

2. 责、权、利相结合、相统一的原则，即通过法律、法规、契约和有关政策，确定国家与企业、所有者与经营者之间的责任、权利和利益关系，规定各自的行为，使三个方面紧密相关、密切配合。

3. 国家、企业和职工三者利益统筹安排、合理兼顾的原则。特别是使企业的经营成果、对国家贡献的大小，与企业和职工的物质利益直接相连，在提高劳动生产率和经济效益的前提下，保证国家多收、企业多留、职工福利和个人收入不断增长。

第十一章

幸福不是用金钱堆砌的
——婚恋经济学

为什么癞蛤蟆总能吃到天鹅肉 —— 先动优势

假设有两个很优秀的男生，分别为甲、乙。他们共同追求一个很漂亮的女生丙。由于男生乙自知没有男生甲长得帅气，且经济实力也不如甲，所以乙对女生丙展开的追求攻势就格外猛烈。那么甲呢？他虽然也很喜欢女生丙，但碍于面子，也由于自恃有着雄厚的实力，所以追求起来就显得含蓄而内敛许多。

实际上，女生丙面对甲、乙二人，心里更喜欢甲。但由于信息不对称，甲的追求没有乙那么热烈，所传达出的信息自然是甲显得没有乙那么喜欢丙。思来想去，女生丙觉得自己不可能主动去追求甲。于是，她在给甲许多机会依然无法确定对方对自己的情意的情况下，最终被男孩乙追到手。

在恋爱中，许多条件十分优秀的男孩子都处在一种优越感中，认为自己没必要去热烈而辛苦地追求一个女孩子。所以，当他们犹豫不决时，条件较他们差一些的"癞蛤蟆"便乘虚而入，抱得了美人归。

在生活中，我们常听到"好男无好妻""一朵鲜花插在了牛粪上"的说法。其实这在一定程度上折射出了一个常见的现象：一个其貌不扬的男孩旁边会有一个相当漂亮的美女，说白了就是"癞蛤蟆吃到了天鹅肉"。往往，"天鹅常被一只癞蛤蟆吃掉"，许多美丽的女生，身边往往会有一个很平庸的男朋友，而优秀男生的女友又常常长相平平。这是为什么呢？让我们先来认识一下先动优势的概念。

先动优势理论在市场营销中多用来解释在市场竞争中，先进入市场者相比后进入者存在着竞争优势。因此，在企业科技竞争中，先动优势理论主要解释企业优先研发和运用新技术能为企业带来竞争优势。

在前面的故事中，男生甲和男生乙面对同样可以追求女生丙的机会，甲因为自身的优越感更多地选择了含蓄地静待，而男生乙则把握住机会，先进入"竞争市场"，占据了绝对优势。依仗着自己开发出的有利条件，乙一直在不间断地主动出击。可以说，在这段感情的争取中，各方面实力稍逊于甲的男生乙，一直在遵循着先动优势理论。最后，这种先动让其在竞争中收获了成功的喜悦。

对于女孩丙来说，自身资质不错的她，在一段时间内同时遇到甲和乙两位追求者，由于信息的不对称，也就是女孩丙对两位追求者的信息掌握得并不全面，因而，在这些追求者中，最主动、最积极的那一个的成功率要远比被动者高得多。

▶知识链接

后动优势又称为次动优势、后发优势、先动劣势，是指相对于行业的先进入企业，后进入者由于较晚进入行业而获得的先动企业不具有的竞争优势，通过观察先动者的行动及效果来减少自身面临的不确定性而采取相应行动，获得更多的市场份额。例如：研发成本优势、行业风险把握优势等。在经济领域中,存在着市场进入次序优势,包括先动优势和后动优势。

校园爱情失败的背后 —— 不完全竞争的市场

平和兰是大学时的同班同学。从大一入学时的军训开始,他们便在接触中开始彼此爱慕。在双方寝室舍友的撮合下,二人在大二时终于走在了一起。

自习室、篮球场、阅览室、演播厅,似乎校园的每一个角落都留下过他们出双入对的身影。在班上同学的眼中,他们就是上天注定的一对。似乎每个人都在为他们祝福,愿他们有情人终成眷属。

时间在点滴中流逝,在照完毕业合影后,大家都走上了各自的工作岗位。一切依旧如昨天一样平静,出人意料的是,平和兰的爱情也在这平静中悄无声息地结束了。

在新的环境里,不断地面对新的挑战,接触新的人、事、物,平和兰的观念也发生了转变。兰觉得,如果从现实出发,或许平与她并不合适……

都说秋天是个收获的季节,但平和兰却伴着深秋飘飘洒洒的落叶,分道扬镳。

不完全竞争市场,是指这样一类市场:完全竞争不能保持,因为至少有一个大到足以影响市场价格的买者（或卖者），并因此面对向下倾斜的需求（或供给）曲线，包括各种不完全因素，诸如完全垄断、寡头垄断或垄断竞争等。

不完全竞争市场是相对于完全竞争市场而言的，除完全竞争市场以外，所有的或多或少带有一定垄断因素的市场都被称为不完全竞争市场。它们是完全垄断市场、寡头垄断市场和垄断竞争市场。其中，完全垄断市场的垄断程度最高，寡头垄断市场居中，垄断竞争市场最低。

回到前面的故事中，平和兰从校园中的完美牵手到走出校园后的分道扬镳，正验证了不完全竞争的理论。调查显示，校园"爱情市场"缺乏激烈的竞争，替代品较少，被追求者面对的选择极大地缩小，从理论上讲不会产生"最优"的选择结果。

大学生谈恋爱，为什么双方一旦离开校园，爱情就脆弱得不堪一击呢？

首先，大学生恋爱带有浓重的尝试情结，在相当程度上是为了补救自己在中学时期错过的遗憾。因为中学是禁止恋爱的。大学时期的恋爱，一方面是因为身体、心理越发成熟；另一方面就是为了弥补原来失去的东西。

其次，我们不要忘记，大学校园"爱情市场"存在严重的进入壁垒，"交易"或者博弈的局中人在相貌、才华、财富和前途方面又是高度差别化的，所以，校园爱情根本不是一个完全竞争的市场，而是一个带有高度垄断的不完全竞争的市场，这正是其根本特征。

显然，那些具备较好禀赋和财富的局中人拥有一定的"市场势力"。在漂亮女生资源相对多的文科大学，市场接近于垄断竞争；而在那些女生资源非常匮乏的理工科大学，市场则近似于完全垄断。

考虑到恋爱中人的"尝试"倾向，他们一般不会把财富、名利等引入目标函数，所以，最可能的爱情状态应该是：在不完全竞争下，尝试性的恋爱不会使双方获得自己最满意的爱情，不会获得持久的爱情，但由于目标函数的独特性，校园爱情常常能在大学阶段平安地度过几年。至于毕业后天各一方，那是我们假设和推证的必然结果，尝试性目标取向的大学爱情一旦碰到较为严重的约束条件——地理分布、户口等马上就会使双方各奔东西。

▶ **知识链接**

完全竞争市场，又叫作纯粹竞争市场，是指竞争充分而不受任何阻碍和干扰的一种市场结构。在这种市场类型中，买卖人数众多，买者和卖者是价格的接受者，资源可自由流动，市场完全由"看不见的手"进行调节，政府对市场不做任何干预，只起维护社会安定和抵御外来侵略的作用，承担的只是"守夜人"的角色。

自由市场，是指金钱、货物的流动完全是根据所有者个人的自我意愿而进行的。

自由市场是一个不受到政府干预和调控的市场，政府对其只行使最低限度的职能，如维护法律制度和保护财产权。在自由市场中，财产权在一个买卖双方都满意的价格进行自由交换。买卖双方没有强迫对方，既没有使用暴力威胁或欺诈手段，也没有被第三方强制执行交易。此外，在自由市场中，价格是买卖行为根据供求关系决定的，而非出于强迫。

门当户对的婚姻 —— 理性选择

李华和王明在大学时是一对恋人。生性开朗的李华从小就生活在城市里，家庭条件优越。性格内向的王明家在农村，其家庭生活非常穷苦，家里还有弟弟妹妹。

大学毕业后，李华不顾家人和朋友的反对，义无反顾地嫁给了王明。刚结婚的时候，他们确实过了一段十分幸福的日子。但时间久了，每天和柴米油盐打交道，夫妻两人的矛盾渐渐多了起来。

迥然不同的生活习惯、爱好以及观念让他们几乎没有共同语言，严重的时候，他们甚至连如何招待客人、买什么价位的衣服、吃什么样的菜都无法达成一致意见。或许是从前两人的生活水平、家庭境遇差距太大了，他们的眼界和观念差别也很大。一味地计较导致他们争吵不断，感情也在这种争吵中被消磨殆尽。

后来的日子他们过得一天比一天伤心，最后，他们几年的感情终没有敌过现实的考验，无奈之下，他们选择了分手。

让李华怎么也想不明白的是，两个彼此相爱的人，为什么在现实条件的压迫下成了两条平行线？

在前面的故事中，李华和王明在生活习惯、兴趣爱好等各个方面的巨大差距，造成了他们彼此间不可调和的矛盾，最终落得个劳燕分飞的结局。其实，这就是门不当户不对造成的。

正因如此，人们在寻找对象时总会形成一个属于自己的择偶标准。比如身高、容貌、职业、收入、受教育程度、家庭背景等。从经济学角度考虑，每个人在寻找对象时都要根据自己的要求，做出理性选择。

理性选择，像行为主义一样，从个体出发来观察和分析现象，但并不采取归纳的方法，而是先假定一个寻求自身利益最大化的个体，然后在各种情境下计算和演绎按照功利最大化原则行动的个体可能会采取的行动，以最小的牺牲满足自己的最大需要，理性选择往往通过交易实现。不要以为理性选择很简单，实际上这是一种很复杂的逻辑认可。

理性选择一般是客观公正的。理性选择理论起源于公共选择理论，包括詹姆斯·布坎南的公共选择理论、安东尼·唐斯的官僚经济学、奥尔森的集体行动理论和赖克的政治联盟理论。其后逐渐发展出联盟理论、交易理论、博弈理论、投票分析和各层决策等理论形态。理性选择属于宏观经济学概念。

著名经济学家贝克尔在《家庭论》一书中说，婚姻是一次利益最大化的理性选择。实际上，贝克尔是用最理性的说法表达了人们不愿接受或不愿承认的现实。从经济学角度来看，婚姻就是两个自由自在的男女，组成了一个家庭责任有限公司。如果双方有相近的家庭背景和生活环境且受教育程度相当，在这种"门当户对"下，就为彼此的共同生活打下了坚实的基础，也在一定程度上减少了婚姻中的不确定因素。相反，如果双方在各个方面都存在一定的差异，那么在一起共同生活，难免会因为不习惯而出现危机。

在离婚率越来越高的当今社会，导致离婚的最主要因素就是经济问题。有经济学家说，经济决定一切。比如，婚姻中的双方，一方因为没钱存在一定的自卑心理，那么势必会背上沉重的压力，在拼命赚钱的同时忽视家庭。

此外，在选择结婚对象时，心理上的"门当户对"一样非常重要。两个人在一起，如果能够在心理上相互协调到最佳状态，那么，有共同语言的他们的婚姻必然会很幸福。

▶知识链接

理性消费是指消费者在消费能力允许的条件下，按照追求效用最大化原则进行的消费。从心理学的角度来看，理性消费是消费者根据自己的学习和知觉做出合理的购买决策。当物质还不充裕时，理性消费者心理追求的商品是价廉物美、经久耐用的。

找一个我爱的人，还是找一个爱我的人 —— 消费者剩余

"爱我的人对我痴心不悔，我却为我爱的人甘心一生伤悲；爱我的人为我付出一切，我却为我爱的人流泪狂乱心碎。"一曲《爱我的人和我爱的人》唱出了无数男女在爱情面前的矛盾与纠结。

"找个爱我的人还是我爱的人？"这个话题一直让诸多男女陷入困惑，对此的讨论始终没有标准的答案。对这个话题，有婚恋网站曾经专门做过一次大调查。

该网站的调查结果显示，正方"找爱我的人结婚"以将近多出一倍的支持率，远胜反方"找我爱的人结婚"。

坚持找爱我的人结婚的网友认为，找到一个自己爱的人很容易，但他如果不爱我，那么自己就会太累，如果是这样的话，还不如找一个爱我的人结婚。再者，天长日久了，没准儿自己还能爱上对方呢。

虽然选择我爱的人结婚的占少数，但他们的理由基本一致且坚定。他们坚定地相信真爱，如果真的找不到真爱，那就宁愿孤独一生。同时，这些人也觉得，能够为心爱的人付出，本身也是一种幸福。如果对方感受到了的话，也会爱上自己的，即使不会爱上自己，自己为心爱的人付

出也是心甘情愿。

消费者剩余是指消费者为取得一种商品所愿意支付的价格与他取得该商品而支付的实际价格之间的差额。

对于婚姻与爱情，有人说，谈恋爱就要找一个自己爱的人，结婚就要找一个爱自己的人，这样才会幸福。这种说法本身无可厚非，但是，找一个爱自己的人结婚真的就一定会幸福吗？

在做生意时，讨价还价是为了把对方的剩余压到最低，从而使自己的剩余最大化。爱情也一样，虽然爱情不能用交易来形容，但在爱情中也确实包含类似的消费者剩余——恋爱者剩余。

在爱情中，相爱的双方是在不断地转换着角色：有时你是生产者，对方是消费者；有时对方是生产者，你是消费者。当你为爱情付出时，是不该保留生产者剩余的，因为这本身是一个双向动态过程。如果你的付出打了折扣，那么你损失了付出的幸福，对方损失了得到的幸福。这是一种双重损失。当角色转换后，对方可能会有所怀疑，不愿再全心全意地付出了，从而双方就陷入了一个恶性循环。

但这也并不意味着爱情中付出总是对的。通常，付出真心就能收获真爱，所以两个人不必也不该计算得失。

爱情是一门复杂的艺术，一个精明的生意人，未必在感情上同样取得成功。一段历经50年仍保持相爱的金婚，并不比一家50年的常青树企业更容易经营。

爱情经历时间，会逐渐趋于平淡。人们常说，经营爱情需要不断制造浪漫和惊喜，实际上就是制造一种消费者剩余的互动。当两个人的生活越来越规则化，初恋时那种剩余的互动就渐渐消失了。如果爱情由此演变成亲情，会有一点温馨，但也有一点遗憾。爱情的生命力，也许就在于两个人之间的消费者剩余交换的频度与深度。所以经营爱情，就要从经营剩余出发。

▷▶ **知识链接**

边际利润是反映增加产品的销售量能为企业增加的收益。销售单价扣除边际成本即为边际利润，边际利润是指增加单位产量所增加的利润。企业的经营收益减去会计成本，所得到的就是会计利润。按照我国的财会制度，有销售利润、利润总额及税后利润等概念。销售利润是销售收入扣除成本、费用和各种流转税及附加费后的余额；利润总额是企业在一定时期内实现盈亏的总额；税后利润是企业利润总额扣除应交所得税后的利润。